PRÉFACE

La Déclaration des droits de l'homme et du citoyen a sa place d'honneur assurée aux murs des écoles primaires de la République. Le fac-similé du texte officiel de 1789 ou la belle édition que nous devons à la Ligue de l'enseignement contribuent à orner nos salles jadis nues. C'est là une manifestation utile, mais dont ne saurait se contenter l'esprit de fidélité aux grandes directions de la Révolution française qui anime l'enseignement primaire national. La Déclaration doit d'abord inspirer et éclairer les leçons d'instruction civique, leur donner l'unité et l'autorité ; elle devra de plus prendre sa place dans les emplois du temps des cours moyens, des cours supérieurs et de l'école primaire supérieure.

Il n'est guère d'instituteurs qui n'en soient convaincus ; mais leur embarras commence lorsqu'ils veulent réaliser leur intention de faire comprendre et apprendre la Déclaration des droits à leurs écoliers. La Déclaration est la synthèse du droit humain moderne. Son grave langage condense, en des énoncés chargés de sens, la plus haute sagesse politique et sociale de la philosophie française du XVIIIᵉ siècle. Ces tables de la Loi supérieure d'où dérivent les lois, œuvre du génie même de la Révolution, intimident le maître. Il craint que l'enfant ne les épèle avec peine ou ne les lise étourdiment, sans les comprendre. Or, il ne veut plus — et il a grandement raison — enseigner un catéchisme quelconque. Il était donc nécessaire de venir à son aide pour dissiper son embarras. A elle seule, la Déclaration n'eût pas pénétré profondément dans la pratique, dans la réalité vivante de l'école : elle avait besoin de l'aide des commentaires et des conseils du philosophe et du pédagogue.

Le petit livre que voici est précisément fait pour aider à la pénétration de la Déclaration des droits au cœur même de l'enseignement des écoles. Il en suit un à un les articles, et non seulement il les explique, mais il montre comment on peut les développer, les démontrer en quelque sorte, les confirmer par des exemples et par la leçon des faits, les mettre à profit pour en tirer la matière d'exercices scolaires usuels. L'instruction civique, presque tout entière, en sa substance tout-au moins, passe dans ce commentaire : à tel point qu'en le lisant on se demande si ce ne serait pas une bonne méthode que de grouper toutes les leçons d'instruction civique autour des articles de la Déclaration.

Le droit d'autrui est la matière même de mon devoir. La corrélation des deux notions est si étroite qu'il serait bien vain d'avoir des droits, tous les droits de l'homme et tous ceux du citoyen, si l'on vivait dans un milieu politique ou social dans lequel la notion de devoir serait habituellement méconnue. Aussi, n'est-il pas étonnant que la Déclaration des droits n'ait pas comme pendant usuel une Déclaration des devoirs : les devoirs de l'homme et du citoyen sont implicitement compris dans les dix-sept articles de 1789; on peut les en déduire tous, comme les corollaires d'un théorème. C'est pourquoi elle eut peu de retentissement, cette Déclaration des devoirs de l'homme et du citoyen qui, à la suite d'une Déclaration des droits, très analogue à celle de 1789, figure en tête de la Constitution de l'an III : cette série de conséquences froidement tirées du texte primitif, empreint de tant de grandeur et de prestige, ne retint pas l'attention ; le public ignore et l'historien découvre la Déclaration des devoirs de 1795. Mais, quand il s'agit d'enseigner aux enfants d'une nation libre leurs devoirs d'aujourd'hui et de demain, il est sage de ne pas se contenter de l'énonciation implicite de ces devoirs qui est enclose dans celle de nos droits ; il faut être sur ce point explicite et précis.

Ainsi pensent les auteurs de ce travail : ils ont fait suivre la Déclaration des droits du résumé des Devoirs de l'homme et du citoyen ; ils ont repris la Déclaration de 1795, mais en l'adaptant aux lois modernes, à la loi scolaire, par exemple, et il était assurément possible de toucher à une rédaction qui n'est point classique et consacrée. Cette seconde partie de l'ouvrage est, à mon sens, une revision de la première dont elle représente les principes à un point de vue différent ; cela est heureux, car la matière à enseigner est si difficile qu'un bon éducateur se félicitera de la reprendre ainsi sans en avoir l'air, presque sans se répéter.

Peu à peu se forment les éléments d'une instruction et d'une éducation vraiment républicaines. L'étude et l'explication de la Déclaration des droits aidera beaucoup à réaliser un tel progrès : les auteurs de ce livre ont tout droit d'espérer qu'ils auront sérieusement contribué à mieux marquer une aussi heureuse évolution.

V. BONNARIC,
Directeur départemental de l'Enseignement primaire du Nord.

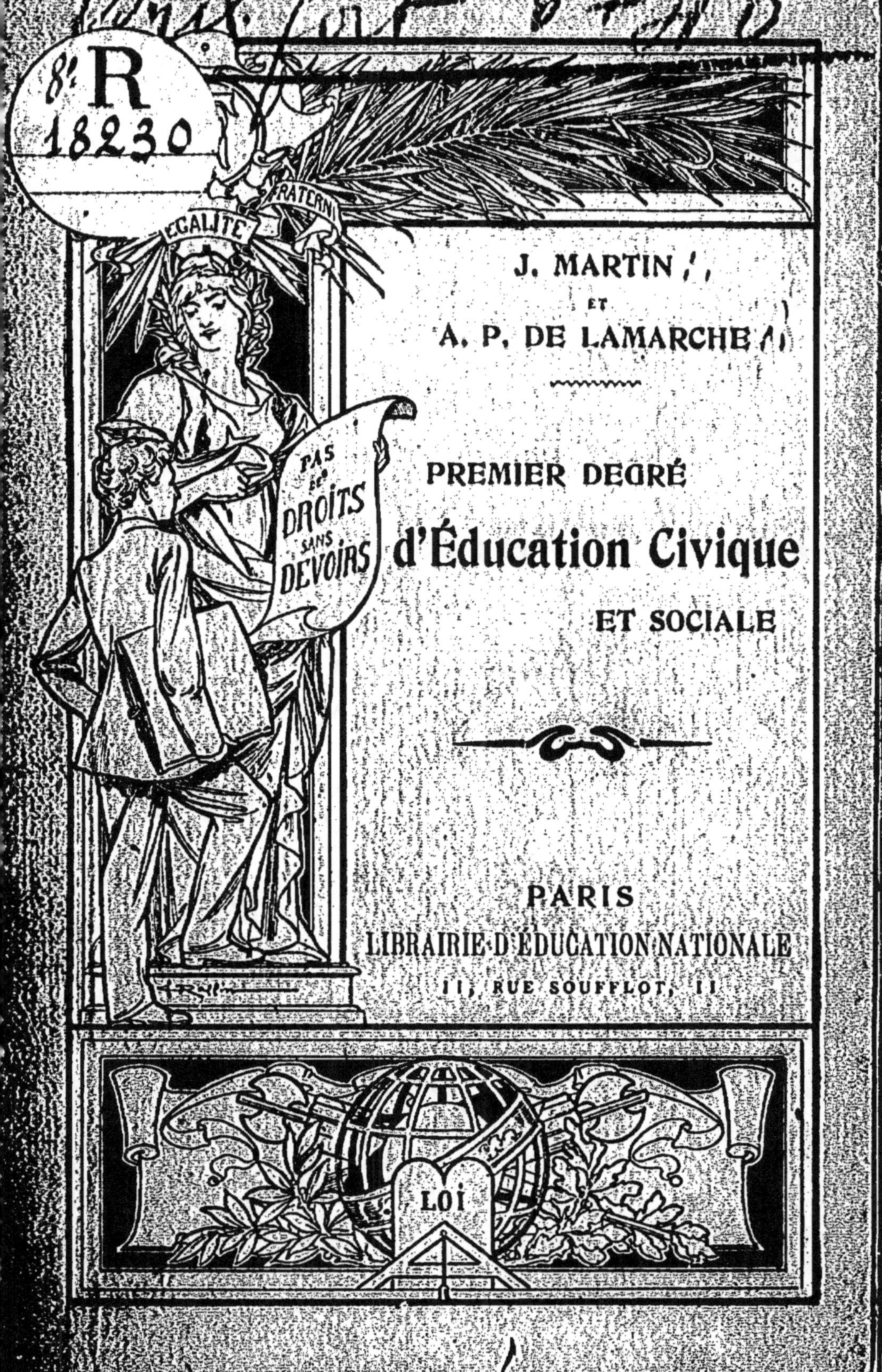

J. MARTIN
ET
A. P. DE LAMARCHE

PREMIER DEGRÉ

d'Éducation Civique

ET SOCIALE

PARIS

LIBRAIRIE D'ÉDUCATION NATIONALE

11, RUE SOUFFLOT, 11

PROGRAMMES OFFICIELS : ARRÊTÉS DU 31 MAI 1902,
Enseignement secondaire : Classes de 8e et de 7e,
Enseignement primaire : Certificat d'études.

Premier Degré
d'Éducation Civique
et Sociale

1° Droits de l'homme et du citoyen.
2° Devoirs de l'homme et du citoyen.
3° Gouvernement de la République.

70 GRAVURES EXPLIQUÉES. — 30 DEVOIRS DE RÉDACTION

PAR MM.

J. MARTIN,
Inspecteur de l'Enseignement
primaire à Paris

A.-P. DE LAMARCHE,
Délégué de l'Association
des Membres de l'Enseignement

PRÉFACE DE
M. V. BONNARIC,
Directeur départemental de l'Enseignement primaire du Nord.

Aimez, par-dessus tout, trois choses :
La Loi, le Droit, la Justice.

Jules MICHELET.

Dépôt Légal
Seine
No. 4125
1902

PARIS
Librairie d'Éducation nationale
ALCIDE PICARD ET KAAN, ÉDITEURS
11, RUE SOUFFLOT, 11

Table des Matières

Vignette exécutée d'après une gravure du temps.

EXPLICATION. — Du côté gauche, la figure allégorique représente la France ayant brisé ses fers. — A droite, elle montre la Loi indiquant du doigt les Droits de l'Homme et, avec son sceptre, l'œil suprême de la Raison achevant de dissiper les nuages de l'erreur qui l'obscurcissaient.

LA DÉCLARATION
DES DROITS DE L'HOMME ET DU CITOYEN

SUIVIE DE L'EXPLICATION DE CHACUN DES ARTICLES

L'idée de faire précéder la Constitution de 1791 d'une *Déclaration des droits de l'homme et du citoyen* fut empruntée à l'Amérique du Nord qui venait de secouer le joug de l'Angleterre.

Les Cahiers de certains bailliages, aux élections de 1789, prescrivent à leurs députés de placer en tête de la Constitution nouvelle une *Déclaration* de ces droits dont ils fixent les principes.

Lorsque les membres du tiers état de l'Assemblée nationale eurent juré de ne pas se séparer avant d'avoir donné une Constitution à la France (Serment du 20 juin 1789), une Commission de 30 membres fut nommée pour préparer cette *Constitution*.

« Pour qu'une Constitution soit bonne, déclara Mounier, un des membres de la Commission, il faut qu'elle soit fondée sur les droits des hommes et qu'elle les protège. Avant de préparer une Constitution, il est nécessaire de fixer les droits que la *justice naturelle* accorde à tous les individus ; il faut rappeler les principes qui doivent former la base de toute société, de façon à ce que *chaque article de la Constitution soit*, pour ainsi dire, *la conséquence d'un principe.* »

Après une discussion qui dura quelques jours, les dix-sept articles qui composent la *Déclaration des droits de l'homme et du citoyen* furent solennellement votés et proclamés par l'Assemblée au milieu d'un enthousiasme général, le 26 août 1789. Ils furent ensuite communiqués au roi Louis XVI qui différa pendant plus d'un mois à faire connaître son avis. Le 5 octobre, au soir, seulement, le roi remit à Mounier son acceptation pure et simple.

Cette Déclaration fut plus tard inscrite en tête de la première Constitution française, la Constitution de 1791, dont elle a été considérée comme le préambule naturel. « Il importe, en effet, que le *peuple* ait toujours devant les yeux la base de sa liberté et de son bonheur ; le *magistrat*, la règle de ses devoirs ; le *législateur*, l'objet de sa mission. »

La *Déclaration des droits de l'homme et du citoyen* n'est pas une loi ; mais elle est supérieure aux lois. Elle est l'énoncé de certaines vérités morales qui sont éternelles, universelles, et sur lesquelles les lois écrites doivent s'appuyer pour être justes.

Ce document est une des plus belles pages de notre histoire nationale ; c'est aussi le fait le plus important de l'histoire de l'humanité. On a pu dire que c'était « *la chose la plus sublime* qui soit sortie d'une assemblée politique ».

DÉCLARATION
DES DROITS DE L'HOMME ET DU CITOYEN
VOTÉE PAR L'ASSEMBLÉE NATIONALE, EN 1789

Préambule

« Les représentants du Peuple français, constitués en Assemblée nationale, considérant que l'ignorance, l'oubli ou le mépris des droits de l'homme sont l'unique cause des malheurs publics et de la corruption des gouvernements, ont résolu de rétablir, dans une déclaration solennelle, les droits naturels, inaliénables, imprescriptibles et sacrés de l'homme, afin que cette déclaration, constamment présente à tous les membres du corps social, leur rappelle sans cesse leurs droits et leurs devoirs ;

afin que les actes du Pouvoir législatif et ceux du Pouvoir exécutif, pouvant être à chaque instant comparés avec le but de toute institution politique, en soient plus respectés ; afin que les réclamations des citoyens, fondées désormais sur des principes simples et incontestables, tournent toujours au maintien de la Constitution et au bonheur de tous.

En conséquence, l'Assemblée nationale reconnaît et déclare, en présence et sous les auspices de l'Être suprême, les droits suivants de l'homme et du citoyen. »

DEVOIR DE RÉDACTION

Nécessité, pour tous les Français, de connaître la Déclaration des Droits de l'homme et du citoyen.

Plan.

Un de vos amis vous a prié de lui expliquer ce que c'est que la Déclaration des Droits de l'homme et du citoyen ; il a émis des doutes sur l'utilité de la connaître.

Répondez-lui, en vous inspirant de l'historique et du préambule. Faites-lui en comprendre les bienfaits en lui démontrant les abus qu'elle a voulu supprimer.

Article Premier.

AUTREFOIS. — Avant 1789 la Liberté et l'Égalité n'existaient pas : le peuple était attaché au domaine seigneurial et le seigneur se considérait comme le maître de ses sujets.

AUJOURD'HUI, grâce à la Révolution, tous les Français sont libres et égaux en droits. Il n'y a plus de distinctions entre les citoyens ; devant la loi, l'ouvrier est l'égal du patron.

Article 1er. — Les hommes naissent et demeurent libres et égaux en droits. Les distinctions sociales ne peuvent être fondées que sur l'utilité commune.

Explication. — **1.** Autrefois, les familles nobles jouissaient, du seul fait de leur naissance, de *privilèges* nombreux et exorbitants. Les hauts emplois et les honneurs leur étaient réservés, alors qu'ils contribuaient bien peu aux charges de l'État. De plus le *droit d'aînesse* créait une fâcheuse inégalité entre les enfants d'une même famille et les aînés recueillaient seuls la succession paternelle.

2. Désormais aucun homme ne peut se considérer comme supérieur ou inférieur aux autres hommes, quelle que soit son origine. En venant au monde, nous sommes tous appelés à jouir des *mêmes droits*, à remplir les *mêmes devoirs*. Et, bien que la nature ne nous donne pas dans la même mesure la force et l'intelligence, nous restons néanmoins tous égaux devant la loi.

3. Les *distinctions sociales* sont indispensables pour le bon fonctionnement de la société. Il est nécessaire, en effet, et d' « utilité commune », que certaines fonctions confèrent à ceux qui les exercent une autorité sur leurs concitoyens. Mais un homme ne peut avoir sur son semblable que l'autorité qu'il tient de la loi ; et la loi délègue le droit de commander aux plus capables, aux plus dignes, sans distinction d'origine.

4. Les premiers rangs dans la société ne reviennent ni aux plus riches, ni aux plus nobles, mais bien à ceux qui par leurs talents ou leurs vertus savent se rendre utiles à leur pays. Le mérite seul établit une différence entre les hommes.

Questionnaire.

1. Les enfants d'une même famille étaient-ils autrefois traités sur le pied d'égalité ? — **2.** Existe-t-il aujourd'hui une différence entre les droits et les devoirs des citoyens ? — **3.** Cependant, ne voit-on pas des hommes commander à d'autres hommes ? — **4.** Quels sont ceux à qui la loi accorde les premiers rangs dans la hiérarchie sociale ?

DEVOIR DE RÉDACTION

Situation créée par le droit d'aînesse aux enfants d'une même famille.

Plan.

Autrefois le droit d'aînesse faisait seul hériter l'aîné de la famille.

Aujourd'hui qu'arrive-t-il, quand, par suite du décès des parents, les enfants deviennent héritiers ?

Comment se fait le partage ?

Article 2.

AUTREFOIS ni la liberté, ni la propriété, ni la sûreté n'étaient garanties, et le maréchal de Villeroi, en montrant le peuple à son élève Louis XV, pouvait s'écrier : « Sire, tout cela est à vous ».

AUJOURD'HUI les droits naturels et imprescriptibles de l'Homme sont assurés. Comme le *Meunier Sans-Souci*, d'Andrieux, le plus modeste propriétaire peut s'écrier : « Ce moulin est à moi. »

Art. 2. — Le but de toute association politique est la conservation des droits naturels et imprescriptibles de l'homme. Ces droits sont la liberté, la propriété, la sûreté et la résistance à l'oppression.

EXPLICATION. — **1.** L'homme seul, isolé, ne saurait défendre ses droits : il serait à la merci du plus adroit, du plus fort ; il serait exposé à tous les périls, condamné à toutes les privations.

2. Les hommes se sont donc groupés afin de pouvoir se secourir et s'assister les uns les autres, de jouir en commun des dons de la nature et d'exploiter plus fructueusement le patrimoine naturel de l'humanité.

3. Les droits de l'homme sont appelés *naturels*, parce que chacun les reçoit avec la vie ; ils sont *imprescriptibles* parce que rien, ni la force, ni le temps, ni les circonstances, ne peuvent les dénaturer ou les abolir.

4. La *liberté* est le pouvoir que tout homme a d'employer ses facultés comme il lui convient, pourvu que ses actes et ses paroles n'aillent pas à l'encontre des lois, expression de la volonté de tous.

5. La *propriété* est le droit qui confère la possession complète d'un bien à celui qui l'a acquis légitimement, et qui lui permet d'en disposer à son gré.

6. La *sûreté* est l'état de celui qui n'a rien à craindre pour sa personne ou pour ses biens, soit de la malveillance des hommes, soit de la tyrannie des gouvernants.

7. L'*oppression* consiste à imposer, par la force, une autorité établie en violation des droits civils et politiques garantis par les lois. « *Il y a oppression contre le corps social lorsqu'un seul de ses membres est opprimé.* » Les citoyens ont le droit de résister à l'oppression et d'empêcher la tyrannie ou l'arbitraire de se substituer au règne de la loi.

Questionnaire.

1. Que deviendrait l'homme dans une société sans organisation? — **2.** Dans quel but les hommes se sont-ils groupés? — **3.** Qu'appelle-t-on droits naturels et imprescriptibles? — **4.** Définissez la liberté. — **5.** Quel droit confère la propriété? — **6.** Que faut-il pour que le droit de sûreté soit respecté? — **8.** Quand peut-on dire qu'il y a oppression?

DEVOIR DE RÉDACTION

Comment, aujourd'hui, nous pouvons exercer nos droits.

Plan.

Pour nos ancêtres à qui la liberté, la propriété et la sûreté n'étaient pas garanties, la résistance à l'oppression était nécessaire.

Démontrez qu'aujourd'hui, avec notre régime légal, fondé sur la justice, l'ordre et le progrès, les citoyens peuvent librement exprimer leurs sentiments par leurs bulletins de vote.

Article 3.

AUTREFOIS. Louis XIV se considérait comme un monarque absolu. Un jour que ses ministres essayaient de lui parler des choses de l'État, il leur répondit : « L'État, c'est moi! »

AUJOURD'HUI, grâce au *Suffrage universel*, « toute souveraineté réside essentiellement dans la nation ». En déposant son bulletin dans l'urne, chaque citoyen a le droit de dire : « L'État, c'est nous! »

Art. 3. — **Le principe de toute souveraineté réside essentiellement dans la Nation; nul corps, nul individu ne peut exercer d'autorité qui n'en émane expressément.**

EXPLICATION. — **1.** Cet article est un de ceux qui affirment plus spécialement les *droits du citoyen*.

2. En déclarant que *le principe de toute souveraineté* réside *essentiellement dans la Nation*, l'Assemblée nationale établit nettement que dans une nation libre un seul individu ne peut avoir la prétention d'imposer sa volonté à tous; que tous les citoyens, étant égaux devant la loi, ont un droit égal à la direction des affaires publiques, et qu'en effet ils y participent tous; que la seule volonté devant laquelle le pays doive s'incliner est celle qui émane de la volonté de tous, ou tout au moins de celle de la majorité.

3. Par le suffrage universel que nous devons à la seconde République (1848), le peuple délègue, pour le bon fonctionnement de la société, telle ou telle partie de son autorité à un corps qu'il constitue (Sénat, Chambre des députés, Conseil général, Conseil municipal, etc.) ou indirectement à quelques membres (Président de la République, Ministres, Préfets, etc.); mais nulle autorité n'est valable qu'autant qu'elle est détenue conformément aux lois, c'est-à-dire conformément aux principes de la *souveraineté nationale*.

4. Seuls les citoyens légalement chargés de fonctions publiques peuvent les exercer dans la mesure d'ailleurs limitée par leurs attributions nettement définies. Il y a abus, et, par conséquent, violation de la loi, lorsqu'ils agissent en dehors ou au delà de ces attributions.

Questionnaire.

1. Quel est le principe essentiel contenu dans l'article 3? — 2. Quelle est l'autorité devant laquelle tous doivent s'incliner? — 3. Quelles sont les autorités auxquelles le peuple délègue le gouvernement ou l'administration? — 4. Dans quel cas y a-t-il abus d'autorité?

DEVOIR DE RÉDACTION

Exposez comment vous entendez l'exercice de la Souveraineté nationale.

Plan.

Comment se font les élections? Aujourd'hui que le peuple est souverain, comment délègue-t-il ses pouvoirs?

A qui devons-nous le suffrage universel qui a permis à tous les citoyens de voter également?

Pourquoi ne doit-on pas s'abstenir de voter? Quand un citoyen néglige ce devoir social, est-il digne de son titre de citoyen?

Article 4.

AUTREFOIS le travail n'était pas libre, nul n'avait le droit d'exercer un métier si, au préalable, il n'avait été reçu par les maîtres de la corporation.

AUJOURD'HUI l'on reconnaît que le travail libre est le seul fécond, chaque citoyen peut, à son gré, exercer le métier qui lui convient.

Art. 4. — La liberté consiste à pouvoir faire tout ce qui ne nuit pas à autrui; ainsi l'exercice des droits naturels de chaque homme n'a de bornes que celles qui assurent aux autres membres de la société la jouissance de ces mêmes droits. Ces bornes ne peuvent être déterminées que par la loi.

EXPLICATION. — 1. Il faut bien comprendre que la liberté ne saurait consister à faire *tout ce que l'on veut*, car cela mettrait la société à la merci des méchants. Tous les hommes étant égaux et pouvant prétendre à une égale part de liberté, chacun ne peut être libre de dire et de faire ce qui lui convient, que dans la mesure où aucun de ses semblables ne pourra en souffrir. Nos droits s'arrêtent aux droits des autres; notre liberté ne saurait s'exercer au détriment de la liberté des autres.

2. Les *bornes de la liberté*, lisons-nous dans la Déclaration, *ne peuvent être déterminées que par la loi*. En effet, on ne peut laisser à l'appréciation de chaque homme le soin de fixer les limites dans lesquelles il lui est permis d'user de la liberté : les hommes naturellement injustes ou mauvais ne manqueraient pas d'empiéter sur la liberté d'autrui.

3. La *loi* seule peut et doit fixer les bornes qu'il n'est permis à personne de franchir, car la loi est faite pour tous, et doit être appliquée à tous.

4. Le travail est également libre. Il n'y a plus, aujourd'hui, ni jurandes, ni corporations; le travailleur peut exercer le métier qui lui convient.

Questionnaire.

1. La liberté peut-elle être limitée? — 2. Quels sont les motifs pour lesquels il y a lieu de la limiter? — 3. Qu'est-ce qui fixe les limites à notre liberté? — 4. Aujourd'hui le travail est-il libre?

DEVOIR DE RÉDACTION

Comment nous devons comprendre la liberté.

Plan.

En République, nous vivons sous le régime de la Liberté, de l'Égalité et de la Fraternité.

Montrez comment nous devons exercer nos droits et quel respect nous devons avoir pour la liberté de nos concitoyens.

Faites un rapprochement entre la situation d'hommes libres qui nous est faite aujourd'hui et les souffrances qu'ont endurées nos ancêtres d'avant la Révolution française.

Citez comme exemple les anciennes corporations.

Article 5.

AUTREFOIS, le roi se réservait le monopole de la vente de certains produits naturels ; ainsi l'on ne pouvait se procurer du sel sans l'acheter à la *gabelle*, sous les peines les plus sévères.

AUJOURD'HUI, le commerce est libre comme le travail, à part cependant la vente de certaines substances que la loi réserve à l'État, dans un intérêt public.

Art. 5. — La loi n'a le droit de défendre que les actions nuisibles à la société. Tout ce qui n'est pas défendu par la loi ne peut être empêché, et nul ne peut être contraint à faire ce qu'elle n'ordonne pas.

EXPLICATION. — **1.** La *loi* est la garantie des droits de tous; c'est à ce titre *qu'elle défend toute action nuisible à la société*. Mais comme elle est aussi et surtout la sauvegarde de la liberté, elle ne saurait intervenir tant que nos droits ne sont pas méconnus. C'est pourquoi elle ne défend que les actions nuisibles à la collectivité, car ces dernières, seules, constitueraient une violation du droit des autres hommes.

2. Il reste évident que *tout ce qui n'est pas défendu par la loi ne peut être empêché*, sans cela la liberté ne serait qu'un vain nom. Notre liberté reste donc entière, lorsque nous avons obéi à toutes les prescriptions impératives de la loi. Personne, en effet, ne peut nous obliger à faire ce que la loi n'exige pas, ni nous empêcher de faire ce qu'elle ne nous interdit pas.

Il est évident que la loi civile ne peut nous ordonner à faire du bien à nos semblables; mais elle défend de leur nuire, d'attenter à leurs droits, à leur liberté.

Questionnaire.

1. Dans quel cas avons-nous le droit d'invoquer les prescriptions de la loi? — **2.** Quels sont les actes que la loi ne peut nous interdire?

DEVOIR DE RÉDACTION

La loi ne défend que les actions nuisibles à la société.

Plan.

Un brave homme ne comprend pas pourquoi il lui faut acheter ses allumettes, son tabac et d'autres denrées chez le marchand, prétendant qu'il paierait moins cher en s'adressant aux contrebandiers.

Écrivez-lui en lui expliquant qu'en agissant ainsi il protègerait la fraude, c'est-à-dire le vol envers l'État; qu'il serait considéré comme le complice du fraudeur et qu'il violerait la loi tout autant que s'il refusait de lui obéir; qu'il serait traduit devant les tribunaux et jugé sévèrement.

Dites-lui ce qu'il faut penser des contrebandiers.

La loi étant la garantie de tous, elle doit être respectée par tous.

Article 6.

Louis XV (1715-1774). — Louis XV mourut en 1774, emportant la haine et le mépris de la France.

AUTREFOIS la France était gouvernée par des rois, dont les droits étaient héréditaires. Ces droits étaient des plus dangereux, car ils permettaient à des princes, comme Louis XV, de déshonorer la France. Ce roi débauché laissa tomber le trône dans la boue en disant : « Cela durera bien autant que moi. »

Les Présidents de la Troisième République : Thiers, 1871-1873. — Mac-Mahon, 1873-1879. — Jules Grévy, 1879-1887. — Sadi-Carnot, 1887-1894. — Casimir-Perier, 1894-1895. — Félix Faure, 1895-1899. — Emile Loubet, 1899.

AUJOURD'HUI tous les citoyens « sans autre distinction que celles de leurs vertus et de leurs talents », peuvent aspirer aux plus hautes fonctions de l'Etat.

Art. 6. — La loi est l'expression de la volonté générale ; tous les citoyens ont le droit de concourir personnellement ou par leurs représentants à sa formation. Elle doit être la même pour tous, soit qu'elle protège, soit qu'elle punisse. Tous les citoyens, étant égaux à ses yeux, sont également admissibles à toutes dignités, places et emplois publics, selon leur capacité et sans autre distinction que celle de leurs vertus et de leurs talents.

EXPLICATION. — 1. L'article 6 pourrait se passer de commentaire. Il est évident que, dans un pays démocratique comme le nôtre, *tous les citoyens ont le droit de concourir à la formation de la loi*, qui est l'expression de leur volonté à tous. Cependant, comme dans la pratique il est impossible que tous les citoyens participent en personne à l'élaboration des lois, ils élisent des mandataires chargés de les représenter et de veiller en même temps à la bonne administration de la chose publique. Le *suffrage universel* est l'expression de ce droit.

2. La *loi doit être la même pour tous;* elle protège indifféremment le pauvre et le riche. De même elle n'a pas d'égards pour la position sociale des coupables, et quiconque, riche ou pauvre, faible ou puissant, a violé la loi, doit être frappé par elle avec la même sévérité. Plus un homme est haut placé, plus il est instruit et, par conséquent, capable de bien connaître les lois de son pays, plus sa culpabilité est grande lorsqu'il se rend coupable d'une violation de ces lois.

3. Nul ne peut se prévaloir, pour obtenir une *dignité,* une *place,* un *emploi public,* de sa richesse, de son origine ou de la situation de ses parents. Le mérite seul de celui qui les sollicite peut entrer en ligne de compte, et les lui faire accorder.

4. Les honneurs, les emplois reviennent aux plus dignes et aux plus capables, à ceux qui servent leur pays avec le plus de dévouement.

Questionnaire.

1. Pourquoi peut-on dire que la loi est l'expression de la volonté générale? — **2.** La loi admet-elle des inégalités? — **3.** Quels sont les seuls titres qui doivent permettre d'obtenir des dignités ou des emplois publics? — **4.** Quels sont ceux qui méritent réellement les honneurs et la reconnaissance publique?

DEVOIR DE RÉDACTION

Devant la loi, tous les citoyens sont égaux.

Plan.

Vous savez comment, sous l'ancienne monarchie, un prince pouvait devenir roi de France, et comment, sous ce régime, étaient traités les paysans, manants ou serfs, ainsi qu'on les appelait.

Vous n'ignorez pas non plus qu'à ce « bon vieux temps » il fallait quatre générations de noblesse pour arriver au grade de sous-lieutenant.

Dites comment aujourd'hui sont traités tous les citoyens sans distinction, et quels titres il leur faut avoir pour être admissibles à toutes les dignités militaires et civiles.

Article 7.

AUTREFOIS. Pour avoir lancé quelques écrits contre Madame de Pompadour, sur une simple lettre de cachet, Latude fut enfermé, sans jugement, pendant 35 ans, à la Bastille.

AUJOURD'HUI, l'arbitraire n'est plus possible. Le Commissaire de police, chargé de procéder à l'arrestation d'un citoyen, doit être muni d'un ordre régulier émanant de l'autorité judiciaire.

Art. 7. — Nul homme ne peut être accusé, ni arrêté, ni détenu, que dans les cas déterminés par la loi, et selon les formes qu'elle a prescrites. Ceux qui sollicitent, expédient, exécutent ou font exécuter des ordres arbitraires, doivent être punis; mais tout citoyen appelé ou saisi en vertu de la loi doit obéir à l'instant; il se rend coupable par la résistance.

EXPLICATION. — 1. Cet article est une affirmation de la *liberté individuelle*, qui doit être *sacrée, inviolable*, et que la loi nous garantit. Il supprime l'arbitraire du magistrat en lui interdisant de faire arrêter un citoyen sans cause, ou de le faire interner sans un jugement régulier, rendu dans les formes légales. Le magistrat qui agirait autrement, par passion ou par intérêt, commettrait le plus grand des crimes. Rien dans l'ancien régime ne fut plus odieux que les *lettres de cachet*, qui permettaient les arrestations arbitraires.

2. Aujourd'hui, celui qui solliciterait et exécuterait ou ferait exécuter des ordres arbitraires ; celui qui, sans preuve, accuserait un citoyen ou le ferait arrêter sans motif, encourrait une lourde responsabilité et serait sévèrement puni, conformément à la loi.

3. Mais il importe, en retour, que les citoyens s'empressent de déférer aux ordres qu'ils reçoivent au nom de la loi. Toute résistance, dans ce cas, serait coupable et inutile. C'est dans la loi seulement qu'ils trouveront leur défense et, s'il y a lieu, la protection à laquelle ils ont droit.

Questionnaire.

1. Qu'est-ce que la loi défend au magistrat en matière d'arrestation ou d'internement? — **2.** Qu'arrive-t-il lorsque le magistrat s'écarte des prescriptions légales? — **3.** Les citoyens qui se croient victimes d'une erreur peuvent-ils se faire justice eux-mêmes?

DEVOIR DE RÉDACTION

Les arrestations arbitraires autrefois. L'application des lois aujourd'hui.

Plan.

Avant 1789, le roi ou les ministres, sur une simple *lettre de cachet*, sans aucun jugement, faisaient enfermer arbitrairement des citoyens qui pouvaient être innocents.

Aujourd'hui quand un malheureux s'est mis hors la loi, c'est elle qui le protège contre l'arbitraire. Le magistrat chargé de l'arrêt est muni d'un mandat régulier.

Expliquez clairement à l'un de vos amis la différence qu'il y a entre les deux régimes.

Parlez des lettres de cachet.

Donnez votre avis sur la prise de la Bastille.

Article 8.

AUTREFOIS, de malheureux serfs étaient condamnés à être pendus pour des délits souvent insignifiants, comme, par exemple, celui d'avoir tué quelques lapins dans la propriété du seigneur.

AUJOURD'HUI, un braconnier, reconnu coupable d'avoir chassé dans une propriété privée, est traduit en police correctionnelle, et condamné à une amende en rapport avec le préjudice causé.

Art. 8. — La loi ne doit établir que des peines strictement nécessaires, et nul ne peut être puni qu'en vertu d'une loi établie et promulguée antérieurement au délit, et légalement appliquée.

EXPLICATION. — 1. La loi ne punit que lorsqu'il y a faute ou crime, c'est-à-dire violation des règles établies pour le bien commun et la sûreté générale. Les peines qu'elle édicte ne peuvent présenter un caractère de fantaisie ou de cruauté non justifiée ; elles doivent toujours être strictement *proportionnées à la gravité de la faute commise*. Elle tient compte également de l'intention, c'est-à-dire de la *préméditation*.

2. Mais *un jugement ne peut s'appuyer sur une loi en préparation et non encore promulguée* au moment où le délit a été commis. La loi, en France, n'a pas d'effet rétroactif, c'est-à-dire ne s'applique pas aux faits antérieurs à sa promulgation.

3. Si toutes les formalités légales qui doivent entourer l'*instruction* et le *jugement* n'étaient pas accomplies, la décision des juges pourrait être infirmée par voie d'appel devant un tribunal supérieur.

4. La loi assure donc aux *prévenus* toutes les garanties nécessaires. C'est ainsi que ceux-ci sont assistés d'un défenseur, soit lorsqu'ils subissent l'interrogatoire d'un magistrat, soit lorsqu'ils comparaissent devant le tribunal.

Questionnaire.

1. Quel caractère doit avoir la répression pour être juste ? — 2. Pourquoi dit-on que la loi, en France, n'a pas d'effet rétroactif ? — 3. Dans quel cas une décision des juges peut-elle être annulée ? — 5. Quelles sont les garanties que la loi accorde au prévenu pour sa défense ?

DEVOIR DE RÉDACTION

La peine doit être proportionnée au délit commis.

Plan.

En vous inspirant du texte de la déclaration, de la gravure et des explications données, montrez qu'aujourd'hui quand un citoyen a commis une faute que la loi punit, la punition est proportionnée au délit qui a été commis.

Dans l'ancien temps, quand un pauvre paysan était pris en flagrant délit, il pouvait être pendu, même pour une faute légère.

Article 9.

AUTREFOIS, afin d'abréger ses tourments, il n'était pas rare de voir un malheureux soumis à la torture, se reconnaître coupable d'un crime dont il était innocent.

AUJOURD'HUI, un prévenu est assisté d'un avocat de son choix, et ce n'est qu'après lui avoir fait subir un interrogatoire régulier, que le Juge d'instruction peut ordonner son arrestation.

Art. 9. — Tout homme étant présumé innocent jusqu'à ce qu'il ait été déclaré coupable, s'il est jugé indispensable de l'arrêter, toute rigueur qui ne serait pas nécessaire pour s'assurer de sa personne doit être sévèrement réprimée par la loi.

EXPLICATION. — **1.** Quelles que soient les charges qui pèsent sur un accusé, on ne doit le traiter en coupable que lorsque la justice a prononcé sa condamnation dans les formes légales.

2. Avant le jugement, il n'est que *prévenu* : il convient de le *présumer innocent*.

3. S'il est nécessaire de l'arrêter tout d'abord, soit pour faciliter l'œuvre de la justice, soit dans l'intérêt de l'ordre public, on ne peut employer à son égard d'autres rigueurs que celles qui sont *indispensables pour s'assurer de sa personne*.

4. Toute menace, toute violence est absolument interdite et peut donner lieu à des poursuites contre le fonctionnaire qui s'en serait rendu coupable.

Questionnaire.

1. Comment l'homme arrêté pour un crime dont on l'accuse doit-il être traité avant son jugement? — **2.** Le mot : prévenu, est-il synonyme de coupable? — **3.** Cependant les magistrats n'ont-ils pas le droit de prendre certaines mesures à l'égard des prévenus? — **4.** De quoi serait passible le magistrat qui se livrerait à des menaces ou à des violences envers un simple prévenu?

DEVOIR DE RÉDACTION
Comment on doit traiter un accusé.

Plan.

Écrivez à votre frère aîné, parlez-lui de vos études, de ce que l'on vous enseigne chaque jour.

Dites-lui quel horreur vous inspirent les supplices qu'autrefois on faisait endurer à un accusé, qui, souvent, à bout de force, se reconnaissait l'auteur d'un crime dont il était innocent.

Insistez sur ce qui se passe aujourd'hui et expliquez comment les prévenus sont traités.

Article 10.

AUTREFOIS, la liberté de conscience était méconnue. En 1572, Charles IX ordonna les massacres de la Saint-Barthélemy, où près de deux mille protestants furent mis à mort à Paris seulement.

AUJOURD'HUI, la liberté de conscience n'est pas seulement pour le citoyen la faculté de pratiquer la religion qui lui convient, « c'est aussi le droit de n'en adopter aucune. »   A. VINET.

Art. 10. — Nul ne doit être inquiété pour ses opinions, même religieuses, pourvu que leur manifestation ne trouble pas l'ordre public établi par la loi.

EXPLICATION. — 1. Le grand principe de *liberté* inscrit dans la Déclaration des droits de l'homme, doit avoir pour conséquence la liberté de penser et de croire. La *liberté religieuse* n'est qu'une forme de la liberté de conscience. La loi reconnaît aux citoyens le droit de professer librement une religion, quelle qu'elle soit, à condition que l'ordre public n'en soit pas troublé ; ils sont également libres de n'en adopter aucune.

2. L'État n'a pas à intervenir dans les questions de dogmes et de croyances. Son rôle consiste à assurer à chaque citoyen la liberté nécessaire pour obéir aux ordres de sa conscience.

Questionnaire.

1. Quels sont les deux droits ou les deux libertés que la loi ou les hommes ne sauraient nous ravir? — 2. Quel est le rôle de l'État en matière de religion?

DEVOIR DE RÉDACTION

Racontez en quelques mots le massacre de la Saint-Barthélemy.

Plan.

Le massacre de la Saint-Barthélemy souleva tant d'horreur que bon nombre de gouverneurs de province refusèrent de s'y associer.

Les bourreaux de Lyon et de Troyes ne voulurent pas prêter la main à une « tuerie », disant : « Si nous avons pour mission d'exécuter des malfaiteurs, nous ne sommes pas pour cela des assassins ».

Qui a ordonné cet abominable massacre? — Dans quel but? — Citez quelques noms parmi les victimes les plus illustres.

Démontrez que depuis la Révolution, en respectant les opinions de nos semblables, quelle que soit leur religion, nous avons le droit de penser et de croire comme il nous convient.

Article 11.

AUTREFOIS, des écrivains comme Diderot et Voltaire ont été emprisonnés sans jugement, pour avoir voulu enseigner au peuple asservi quels étaient ses droits et ses devoirs.

AUJOURD'HUI, chaque citoyen peut parler, écrire, imprimer librement, organiser des conférences et des réunions, dans le but de répandre ses idées ou ses opinions.

Art. 11. — La libre communication des pensées et des opinions est un des droits les plus précieux de l'homme, tout citoyen peut donc parler, écrire, imprimer librement, sauf à répondre de l'abus de cette liberté dans les cas prévus par la loi.

EXPLICATION. — 1. La liberté politique, la liberté de conscience, seraient incomplètes *si la pensée ne pouvait se manifester au dehors au moyen de la parole ou de la plume.*

2. La loi accorde à chaque citoyen le droit de *parler* et d'*écrire* librement pour propager ce qu'il croit être la vérité.

3. Notre champ d'activité est ici immense. Il n'a d'autre limite que le respect dû à notre dignité et à celle d'autrui.

4. Celui qui veut répandre ses idées sait qu'il ne doit jamais user de violence, qu'il doit éviter les injures à l'égard de ceux qui ne pensent pas comme lui. Il n'a pas de meilleure arme à sa disposition que la *douceur* et la *persuasion.*

Questionnaire.

1. Que faut-il pour que la liberté de penser et de croire soit complète? — 2. Pourquoi la loi accorde-t-elle à chaque citoyen le droit d'écrire et de parler? — 3. Quelle limite peut avoir cette liberté de la parole et de la plume? — 4. N'existe-t-il pas des moyens plus efficaces pour propager nos doctrines, que la violence et les injures?

DEVOIR DE RÉDACTION
Les conférences populaires.

Plan.

Votre père est l'un des citoyens les plus instruits de la commune, il fait une conférence sur l'article 11 de la Déclaration des Droits de l'homme et du citoyen.

Il est amené à parler de Voltaire, de Rousseau, de Diderot et de bien d'autres écrivains du XVIIIe siècle.

Puis il démontre à ses auditeurs quelle reconnaissance nous devons à ces grands hommes, qui ont été les précurseurs de la Révolution française, dont il énumère les bienfaits.

Votre père explique qu'avant 1789 nos pères étaient des sujets et que la Révolution en a fait des citoyens.

Enfin, il prouve encore que c'est grâce à elle que le peuple qui ne comptait pas, est aujourd'hui souverain, etc.

Commentez à votre manière l'ensemble de la conférence ; dites pourquoi ces conférences sont utiles et quels services elles rendent aussi bien aux adultes qu'aux jeunes élèves.

Article 12.

AUTREFOIS, la police et l'armée, loin d'être instituées pour l'avantage de tous, étaient surtout mises au service de l'arbitraire gouvernemental.

AUJOURD'HUI, l'armée n'a pour fonction que de défendre l'intégrité de la Patrie, et la police a pour unique mission de veiller à la sûreté de tous les citoyens.

Art. 12. — La garantie des droits de l'homme et du citoyen nécessite une force publique; cette force est donc instituée pour l'avantage de tous, et non pour l'utilité particulière de ceux auxquels elle est confiée.

EXPLICATION. — 1. *La force publique* est établie dans le but d'assurer à chacun la *sécurité* dans sa personne et dans ses biens, et de lui permettre le *libre exercice de ses droits de citoyen*.

2. La force publique est exclusivement au service de la Nation. Elle ne peut agir qu'en vertu de la *loi*, du *droit* et de la *justice*. Elle ne peut être mise au service des intérêts ou de l'ambition de ceux qui la commandent.

3. Elle est la sauvegarde de notre liberté, de notre indépendance; elle ne peut servir à notre *oppression*.

Questionnaire.

1. Dans quel but la force publique a-t-elle été organisée? — 2. La force publique peut-elle être mise au service d'intérêts particuliers? — 3. Quelles garanties devons-nous y trouver?

DEVOIR DE RÉDACTION

Le Coup d'État du 2 décembre 1851.

Plan.

Après avoir juré fidélité à la République par un serment solennel, Napoléon-Bonaparte fit le coup d'État du 2 décembre 1851.

Pour accomplir son crime il employa l'armée et la police.

Les Représentants du Peuple les plus influents furent jetés en prison.

Écrivez à un de vos amis ce que vous pensez de ce coup d'État, et dites pourquoi la force publique « instituée pour l'avantage de tous » est diminuée quand elle sort de son rôle qui est de défendre la Patrie et la loi.

Article 13.

AUTREFOIS l'impôt était écrasant pour le peuple. Outre les redevances qu'il était forcé de payer au collecteur du roi, il lui fallait encore payer la dîme en nature au clergé et à la noblesse.

AUJOURD'HUI, l'impôt étant légalement établi dans l'intérêt général, il est juste qu'il soit payé par tous les citoyens en proportion de leurs ressources.

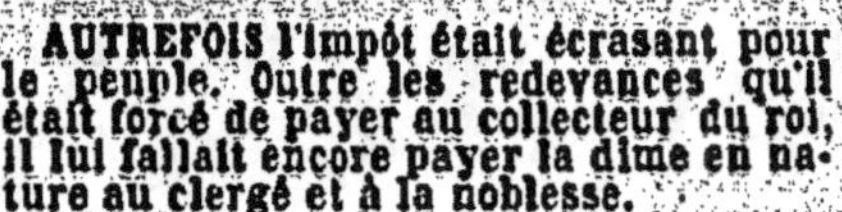

Art. 13. — Pour l'entretien de la force publique et pour les dépenses d'administration, une contribution commune est indispensable; elle doit être également répartie entre tous les citoyens, en raison de leurs facultés.

EXPLICATION. — 1. *Tous les citoyens* bénéficiant des avantages de la société, *doivent contribuer au paiement des dépenses* nécessaires au fonctionnement normal de cette société, proportionnellement à leurs ressources, à leurs moyens.

2. Il est juste que le riche, ayant plus d'intérêts à sauvegarder, donne plus que le pauvre dont toute la fortune, parfois, consiste exclusivement dans la possession de ses droits d'homme et de citoyen.

3. *La loi répartit sagement les impôts, les redevances, en raison des ressources de chacun* ou des avantages que chacun retire de la situation qui lui est garantie par la société.

4. C'est l'État qui représente la Nation. Notre part de contribution doit être payée sans récriminations, puisqu'elle est fixée par les représentants que nous avons élus.

Questionnaire.

1. Pourquoi est-il juste que tous les citoyens contribuent aux charges publiques? — **2.** Le riche ne doit-il pas supporter des charges plus lourdes que le pauvre? Dites pourquoi. — **3.** Quel est le principe qui réside dans la répartition des charges de chacun? — **4.** Pourquoi devons-nous payer nos impôts sans récriminations?

DEVOIR DE RÉDACTION
Nécessité de payer l'impôt.

Plan.

Vous avez entendu un de vos voisins dire que l'on payait trop d'impôts et que même on ne devrait pas en payer du tout.

Faites-lui comprendre que l'impôt est établi pour la chose commune, et que si tout le monde en profite, tout le monde doit en payer sa part.

Dites-lui à quoi servent les impôts et combien ils sont nécessaires.

Puis montrez-lui la différence avec ce qui se passait avant la Révolution : Impôts non régulièrement établis et inégalement répartis ; dites ce que le pauvre payait, et à qui profitait la dîme.

Article 14.

AUTREFOIS aucun contrôle ne pouvait être exercé par les particuliers. Le roi seul, par un édit, fixait l'impôt, et forçait le Parlement à enregistrer son ordonnance.

AUJOURD'HUI, le budget des villes et des communes est discuté et voté par les conseillers municipaux, comme le budget de la France est discuté et voté par la Chambre des députés et le Sénat.

Art. 14. — Chaque citoyen a le droit de constater par lui-même ou par ses représentants la nécessité de la contribution publique, de la consentir librement, d'en suivre l'emploi, d'en déterminer la quotité, l'assiette, le recouvrement et la durée.

Explication. — 1. La Nation elle-même, par l'intermédiaire de ses mandataires, fixe le montant des dépenses indispensables aux besoins d'ordre public et, en même temps, les contributions nécessaires pour les couvrir. *Tout impôt correspond donc à une dépense voulue et librement consentie par le pays.*

2. Les dépenses ne peuvent être soldées qu'autant qu'elles sont prévues par une recette correspondante, par un crédit voté spécialement en vue de faire face à ces dépenses.

3. Le devoir des élus de la nation est donc de *surveiller* étroitement l'emploi des fonds mis à la disposition du gouvernement, de veiller à ce qu'ils soient employés au mieux des intérêts généraux, et à ce qu'ils ne soient jamais détournés de leur véritable destination.

4. Le vote du *budget* est une des prérogatives les plus importantes du pouvoir législatif. La discussion de la *loi de finances* permet chaque année aux représentants de la Nation de vérifier la gestion du pouvoir exécutif, de répartir les charges des contribuables et de réprimer les abus, s'il venait à s'en produire. Leur vigilance sur ce point ne saurait être trop sévère.

Questionnaire.

1. Pourquoi peut-on dire que l'impôt correspond à une dépense librement acceptée par le pays? — **2.** Comment peut-on faire face à ces dépenses? — **3.** Quel est le devoir des représentants de la nation après avoir voté les impôts nécessaires? — **4.** Dites pourquoi le vote du budget constitue pour nos représentants une de leurs plus importantes prérogatives.

DEVOIR DE RÉDACTION
De l'organisation du budget.

Plan.

Le budget, qu'il soit celui de l'État, d'un département ou d'une commune, est établi de la même façon.

Le devoir des représentants, qu'ils soient Conseillers municipaux, Conseillers généraux, Députés, Sénateurs, est de régler le budget au mieux des intérêts du pays.

Mais cela suffit-il? Dites si ils n'ont pas encore à contrôler les dépenses et pourquoi?

Selon vous, s'il n'y avait pas de contrôle que pourrait-il en résulter?

Autrefois un contrôle semblable était-il possible?

Article 15.

AUTREFOIS des surintendants des finances, comme Fouquet, n'étant pas contrôlés, pouvaient s'approprier les deniers publics en pressurant le peuple.

AUJOURD'HUI, tous les ans l'impôt est voté régulièrement et le Percepteur, comme tout détenteur des fonds publics, est tenu de rendre compte de son administration.

Art. 15. — La société a le droit de demander compte à tout agent public de son administration.

EXPLICATION. — **1.** *Tout agent public tient son autorité du pouvoir souverain dont il est le délégué.* Il a donc le devoir impérieux d'administrer au mieux les intérêts généraux qui lui sont confiés. Il ne doit se laisser guider par aucune considération d'intérêt personnel ou privé.

2. *La société, par l'intermédiaire de ses mandataires, a le droit de demander compte* à ses délégués, quand il lui convient et dans la forme qu'il lui plaît, de la façon dont ceux-ci ont accompli la mission qui leur a été confiée.

3. Les mandataires de la Nation doivent veiller à ce que l'État ne garde à son service que des administrateurs intègres, consciencieux et dévoués.

Questionnaire.

1. Quel est le principe qui doit guider un agent public dans son service? — 2. Chaque citoyen a-t-il le droit de demander des comptes sur la gestion des agents de l'autorité? — 3. Quel est le devoir des élus de la nation en cas de malversation d'un agent?

DEVOIR DE RÉDACTION

Comment et pourquoi sont surveillés les fonctionnaires chargés de percevoir les impôts.

Plan.

Écrivez à un ami, rappelez-lui que tous les impôts sont votés par les élus du suffrage universel.

Dites-lui qu'aujourd'hui les agents chargés de les percevoir sont choisis par le ministre des Finances et nommés par un décret du président de la République.

Racontez-lui comment et pourquoi ces agents sont surveillés.

Expliquez-lui ce qui arriverait à un de ces fonctionnaires, s'il manquait à son devoir.

Enfin, démontrez à votre ami combien ces mesures sont utiles, aussi bien dans l'intérêt du fonctionnaire que dans celui de la Nation.

Article 16.

AUTREFOIS, en vertu du droit divin, dont les rois se croyaient investis, ils pouvaient faire suivre leurs ordonnances de cette formule : « *Car tel est notre bon plaisir* ».

AUJOURD'HUI, grâce à la Constitution de 1791, tous les droits des citoyens sont garantis. La Constituante a établi la séparation des trois pouvoirs : législatif, exécutif et judiciaire.

Art. 16. — Toute société dans laquelle la garantie des droits n'est pas assurée, ni la séparation des pouvoirs déterminée, n'a point de constitution.

EXPLICATION. — 1. La principale qualité d'une *sage Constitution* est de régler nettement les rapports de chacun envers tous et envers l'État, et réciproquement.

2. Elle ne doit laisser aucune place à l'imprévu, à l'arbitraire. *Les droits des citoyens*, en toute circonstance, *sont garantis par des lois rigoureusement applicables à tous*. Partout où ces droits peuvent être impunément méconnus, il n'existe réellement pas de société constituée.

3. De même, il y a manque de sécurité lorsque les pouvoirs ne sont pas nettement limités dans leurs attributions respectives. Une des garanties principales de nos libertés et de nos droits est la *séparation* des trois grands pouvoirs : législatif, exécutif et judiciaire.

4. Le pouvoir *législatif* est celui qui a pour mission de faire les lois ; le pouvoir *exécutif* est chargé de les faire appliquer et le pouvoir *judiciaire* a le devoir de les respecter.

5. Lorsqu'un des pouvoirs empiète sur les autres et les commande en maître, l'autorité manque du frein nécessaire : c'est le régime du despotisme et de l'arbitraire. Si le pouvoir exécutif, par exemple, avait, comme autrefois, le droit de faire les lois et de commander aux magistrats chargés de poursuivre ceux qui les enfreignent, nous retomberions sous le *gouvernement absolu*.

Questionnaire.

1. Quelle est la qualité principale d'une bonne Constitution ? — **2.** Comment les droits des citoyens peuvent-ils être sûrement garantis ? — **3.** Quelle est la condition essentielle de la garantie de nos libertés et de nos droits ? — **4.** Quelles sont les attributions des trois pouvoirs ? — **5.** Qu'arrive-t-il lorsqu'un des trois pouvoirs empiète sur les autres ?

DEVOIR DE RÉDACTION

Commentez, dans une causerie familière, l'article 16 de la Déclaration.

Plan.

Racontez comment la Constitution qui nous régit nous garantit l'ordre, la liberté et l'égalité.

En parlant du rôle des trois pouvoirs : *législatif, exécutif* et *judiciaire*, n'oubliez pas de dire que c'est à l'Assemblée constituante de 1791 que nous devons cette heureuse organisation.

Énumérez ses bienfaits : abolition des privilèges, égalité devant l'impôt, division de la France en départements, etc.

Expliquez pourquoi aucun des pouvoirs ne doit empiéter sur les autres.

Article 17.

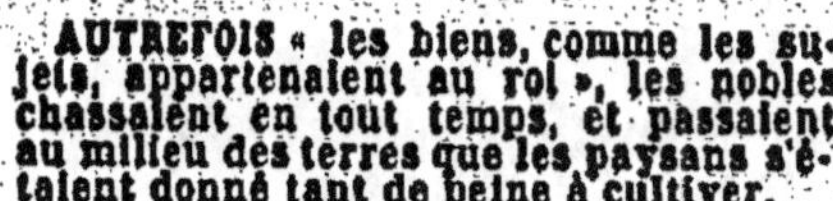

AUTREFOIS « les biens, comme les sujets, appartenaient au roi », les nobles chassaient en tout temps, et passaient au milieu des terres que les paysans s'étaient donné tant de peine à cultiver.

AUJOURD'HUI quand, dans un intérêt public, pendant les grandes manœuvres, par exemple, des citoyens ont été lésés, ils reçoivent une équitable indemnité pour le préjudice qu'ils ont subi.

Art. 17. — **La propriété étant un droit inviolable et sacré, nul ne peut en être privé, si ce n'est lorsque la nécessité publique, légalement constatée, l'exige évidemment, et sous la condition d'une juste et préalable indemnité.**

EXPLICATION. — 1. Les hommes étant libres d'employer comme bon leur semble leur activité physique et intellectuelle, on ne saurait, sans porter atteinte à leur liberté, les priver du fruit de leurs efforts et de leur travail.

2. La *propriété* est aussi une des formes de la liberté ; elle doit comme cette dernière, être garantie par la loi. Ainsi que l'atteste la Déclaration des droits de l'homme, le droit de propriété est *inviolable* et *sacré*.

3. Chaque citoyen a le droit de disposer de ses biens à son avantage ou à l'avantage d'autrui, à la seule condition de respecter en toute circonstance et sa dignité et la loi.

4. Il est cependant des cas où, pour cause d'*utilité publique* légalement constatée, l'État a le droit d'*exproprier*, c'est-à-dire de prendre à quelqu'un, pour un service d'*intérêt général* (construction de routes, de chemins de fer, de canaux, etc.), tout ou partie de ses biens, moyennant une juste et préalable *indemnité* qui est fixée dans les formes prescrites par la loi.

***

Questionnaire.

1. Pourquoi chacun de nous a-t-il le droit de profiter des fruits de son travail? — 2. Pourquoi la loi doit-elle garantir la propriété de chacun? — 3. Dans quelles limites chaque citoyen a-t-il le droit de disposer de ses biens? — 4. Dites dans quel cas l'État peut et doit user du droit d'expropriation?

DEVOIR DE RÉDACTION

Les expropriations pour cause d'utilité publique.

Plan.

Il est question de construire une route stratégique qui passera dans la commune ; un grand nombre d'habitants seront expropriés.

Aux uns, l'État prendra leurs maisons, aux autres une partie de leurs propriétés : prés, champs, jardins, etc.

Racontez à votre façon, comment vous comprenez que chacun recevra une « juste et préalable indemnité » pour le préjudice qui lui aura été causé.

Dites ce que vous pensez de cette expropriation et ce que vous savez du jury qui fixe l'indemnité à accorder aux expropriés. Comment ce jury est-il composé?

EXPLICATION. — En tête la figure représente la République qui répand la lumière. — A droite elle symbolise le travail. A gauche c'est la justice égale pour tous.

LES
DEVOIRS DE L'HOMME ET DU CITOYEN

SUIVIS DE L'EXPLICATION DE CHACUN DES ARTICLES

Préambule.

La qualité de citoyen ne confère pas seulement des droits, elle nous impose des *devoirs* d'autant plus grands, d'autant plus rigoureux, que nous sommes investis de la *souveraineté* par la Constitution républicaine. La République et le Gouvernement seront le reflet de la société. Les lois seront bonnes, c'est-à-dire justes, libérales, ne visant que l'intérêt général et la grandeur de la Patrie, si les citoyens sont animés de sentiments bienveillants, généreux et patriotiques ; s'ils sont prêts à faire toujours leur devoir, tout leur devoir, même dans le cas où leurs intérêts s'en trouveraient lésés.

Le dévouement à la chose publique est le premier devoir du citoyen véritablement digne de ce nom.

En réunissant tous nos efforts en faveur de l'œuvre commune, c'est-à-dire de l'amélioration de la société, de la grandeur matérielle et morale de notre Patrie, nous nous montrerons dignes de la liberté, dignes aussi de la souveraineté qui nous a été dévolue et nous réaliserons cette belle formule :

« Chacun pour tous, tous pour chacun. »

Celui qui parle aux citoyens de leurs vertus sans les avertir de leurs défauts, ou de leurs droits, sans leur parler de leurs devoirs, est ou un flatteur qui les trompe, ou un fripon qui les pille, ou un ambitieux qui cherche à les asservir.

(Déclaration des devoirs, 1795.)

DEVOIR DE RÉDACTION

Nécessité pour tous les Français de bien connaître et de pratiquer les Devoirs de l'homme et du citoyen.

Plan.

Dans une lettre à un ami, exposez comment vous comprenez la pratique de nos devoirs.

Démontrez que quiconque parlerait aux citoyens de leurs droits sans les entretenir de leurs devoirs, serait ou le plus néfaste des conseillers, ou un vil flatteur qui chercherait à les asservir.

Aucun Français ne peut régulièrement exercer ses droits si, avant tout, il ne pratique les devoirs que lui impose sa qualité de citoyen.

RÉSUMÉ

DES

DEVOIRS DE L'HOMME ET DU CITOYEN

Article Premier.

Au cours d'une querelle Victor, en un mouvement irréfléchi, abuse de sa force et frappe un camarade plus faible que lui.

Le lendemain, écoutant les conseils d'un autre camarade, Victor exprime à Louis tout le regret que lui cause son emportement.

Homme ou enfant, quiconque ne sait pas reconnaître son tort ne peut faire un bon citoyen dans toute l'acception du mot.

Article 1er. — Tous les devoirs de l'homme et du citoyen dérivent de ces deux principes gravés par la nature dans tous les cœurs : « Ne faites pas aux autres ce que vous ne voudriez pas qu'on vous fît. » — « Faites aux autres le bien que vous voudriez en recevoir. »

« Il n'y a rien de petit en face du devoir. »

LÉON BOURGEOIS.

EXPLICATION. — 1. Il est des sentiments, des principes, qui sont de tous les temps, de tous les pays et qui se retrouvent dans le cœur de tous les hommes civilisés. Les lois, les institutions ne sont bonnes qu'à la condition de répondre à ces sentiments, à ces principes.

2. La maxime : « *Ne faites pas à autrui ce que vous ne voudriez pas qu'on vous fît* » est une sorte de résumé de nos devoirs de justice. Nous ne voudrions pas qu'on nous maltraitât, qu'on nous fît du tort ; nous devons, pour être justes, éviter de nuire à la fortune, à la santé, à l'honneur des autres hommes.

3. La seconde maxime « *Faites aux autres le bien que vous voudriez en recevoir* » résume admirablement nos devoirs de charité, de fraternité. Si nous étions dans la peine, nous aimerions à être consolés ; nous serions heureux d'être secourus si nous nous trouvions dans le besoin. Agissons donc ainsi envers nos concitoyens toutes les fois que nous le pourrons.

4. Le devoir ne consiste pas seulement à faire de grandes choses, à montrer un dévouement héroïque ; il est de tous les instants. Les occasions d'exposer sa vie par pur dévouement ne se présentent pas tous les jours. Il faut s'efforcer de se montrer serviable, complaisant, de faire le plus de bien possible. C'est la réunion de tous les petits devoirs qui constitue surtout le mérite.

Questionnaire.

1. Sur quoi doivent s'appuyer les lois pour être bonnes ? — **2.** Expliquez la première maxime, en citant quelques exemples. — **3.** Comment comprenez-vous l'application de la deuxième maxime ? — **4.** Pourquoi ne doit-on pas négliger ce qu'on pourrait appeler les petits devoirs ?

DEVOIR DE RÉDACTION

Notre devoir est d'éviter le mal et de toujours chercher à faire le bien.

Plan.

Il ne nous suffit pas d'être juste envers nos semblables, de ne pas leur faire ce que nous ne voudrions pas qu'ils nous fissent ; il nous faut surtout leur témoigner de la bonté, en ne songeant qu'à la satisfaction que nous procure l'accomplissement de nos devoirs de fraternité.

Vous avez été témoin d'une bataille entre camarades : Victor, le plus grand, abusait de sa force. Le lendemain, vous causez avec lui et vous réussissez à le persuader que, même si le petit Louis avait commencé, il avait eu tort de ne pas se montrer charitable.

Que fait Victor ?

Article 2.

Alfred Guillaumet, sabotier de son état, voyant les élèves de l'école occupés à dessiner, proteste en disant que pour faire un ouvrier, il n'est pas utile d'être aussi savant.

Pierre Bonbois, en montrant un croquis, explique que s'il est arrivé à faire des travaux d'art, c'est grâce à ses études à l'école, où il a reçu des notions de dessin industriel.

Art. 2. — Les enfants, les hommes, les femmes ont l'obligation de s'instruire pour devenir plus capables de remplir leurs différents devoirs. Ce que chacun d'eux gagne en valeur intellectuelle tourne à son profit et au profit de la collectivité.

« On rougit de ne pas savoir; on ne rougit jamais d'apprendre. »

FRANÇOIS DE NEUFCHÂTEAU.

EXPLICATION. — **1.** Les enfants ont le devoir de *s'instruire* dans leur propre intérêt d'abord, puis dans l'intérêt de la société. Ils deviendront ainsi plus forts, mieux armés pour faire leur chemin dans la vie et ils seront capables de rendre plus de services à la collectivité dont ils font partie.

2. De même les adultes ne sauraient trop, par la lecture, par l'étude, par l'assiduité aux cours, aux conférences populaires, s'efforcer de conserver les connaissances acquises à l'école, de les compléter, de les perfectionner encore. On ne vaut guère qu'en raison de son instruction et de ses qualités morales. Le jeune homme qui, à sortir de l'école, ne se livrerait plus à aucune étude perdrait bientôt le bénéfice de ce qui lui a été appris en classe : il retomberait dans la catégorie des ignorants.

3. Il est facile de comprendre que la société, qui n'est que la réunion des individus, sera plus grande, plus puissante, si tous ses membres sont instruits et avides d'étendre toujours leurs connaissances. Au contraire, les peuples ignorants finissent par être les plus faibles, les plus faciles à asservir. L'histoire fournit de nombreux exemples à ce sujet.

4. Dans notre société démocratique, avec l'instruction obligatoire, à la portée de tous, c'est une honte de rester ignorant. Mais il ne faut pas craindre de toujours étudier, car les plus savants eux-mêmes s'aperçoivent que leur science est bien incomplète. La vie n'est pas assez longue pour tout apprendre. C'est pourquoi l'homme a le devoir de profiter de tous les moyens qui s'offrent à lui pour étendre toujours ses connaissances.

Questionnaire.

1. Pourquoi les enfants doivent-ils s'efforcer de s'instruire ? — 2. Que doivent faire les hommes, les femmes, pour compléter et perfectionner leur instruction ? — 3. Comment ce que chacun gagne en savoir peut-il profiter à la société ? — 4. Pourquoi devons-nous rougir de ne rien savoir ?

DEVOIR DE RÉDACTION

Ce n'est pas seulement un devoir, mais un honneur, que de vouloir acquérir de l'instruction.

Plan.

Vous avez entendu un homme âgé se récrier contre tout ce que l'on enseigne aujourd'hui à l'école, disant que de son temps, où l'on apprenait seulement à lire, à écrire et à compter, on devenait quand même un bon ouvrier.

Démontrez-lui que plus nous allons, plus l'utilité de l'instruction se fait sentir. Expliquez-lui que pour devenir un bon ouvrier, un contremaître habile, un chef d'industrie, il est nécessaire, aujourd'hui, d'avoir des notions suffisantes en histoire, en géographie, en sciences, etc.

Terminez en lui faisant remarquer que le citoyen instruit peut rendre de grands services à la société.

Article 3.

Marie, qui avait des goûts simples et un bon cœur, était heureuse de seconder sa mère et de contribuer à l'éducation de ses frères et de sa sœur.

Anna, à l'école, s'était toujours distinguée par sa paresse. Elle avait des idées de luxe qui l'ont conduite à la dégradation et à la misère.

Art. 3. — Tous les hommes ont le devoir d'observer la loi morale, c'est-à-dire de devenir meilleurs, plus vertueux, plus sages. Les aînés doivent le bon exemple aux plus jeunes; les plus puissants, les plus instruits doivent servir de modèles aux plus faibles, aux plus ignorants.

C'est ainsi que nous formerons une société se rapprochant autant que possible de la perfection.

« Le but de la vie n'est pas le bonheur, mais le perfectionnement. »

Mme DE STAEL.

EXPLICATION. — 1 En travaillant à devenir *meilleurs*, à nous corriger de nos défauts, nous assurons notre propre bonheur, car rien n'est comparable à la satisfaction qu'éprouve l'homme dont la conscience ne lui reproche rien. Et quelle douceur n'éprouvons-nous pas lorsque nous avons contribué à rendre plus heureux quelques-uns de nos semblables, lorsque nous avons répandu un peu de bonheur autour de nous !

2. Les aînés, c'est-à-dire ceux qui ont le plus d'expérience, les parents, les personnes qui détiennent une parcelle de l'autorité ont le devoir impérieux de contribuer à l'éducation des plus jeunes, des moins expérimentés, non seulement par la parole, mais surtout et

toujours par *l'exemple*. Leurs discours ne seraient bientôt plus écoutés, s'ils ne conformaient leurs actes à leurs paroles.

3. La société sera l'image de ses membres : si les citoyens sont sages, probes, désintéressés, dévoués à la cause commune, la justice, la bonté, la prévoyance régneront en souveraines et assureront le respect de tous nos droits, en même temps qu'elles contribueront au bonheur général.

4. Il faut entendre ici le mot *bonheur* dans le sens de *plaisir*. Il conviendrait donc de dire que « le but de la vie n'est pas le plaisir » qui use la santé et sèche le cœur. Il doit résider dans l'accomplissement du devoir, de tous les devoirs, dans le perfectionnement moral, dans la vertu. L'homme de bien seul est capable d'éprouver le vrai bonheur. Le méchant n'est jamais heureux : c'est la juste punition de sa conduite.

Questionnaire.

1. Quels avantages trouvons-nous dans l'observation de la loi morale ? — 2. Comment les aînés doivent-ils contribuer à l'éducation des jeunes, des moins expérimentés ? — 3. Que faut-il pour que la société se rapproche le plus possible de la perfection ? — 4. Que doit être le véritable but de la vie morale ?

DEVOIR DE RÉDACTION

Être bon est bien, être meilleur est mieux.

Plan.

Marie est l'aînée de quatre enfants. A l'école elle a été une excellente élève, se faisant remarquer par son assiduité et par sa grande bonté envers ses camarades.

Maintenant qu'elle ne va plus en classe, elle aide sa mère et contribue à l'éducation de ses frères et de sa sœur.

Marie écrit à une amie. Elle lui dit combien elle est heureuse de seconder sa mère et quelle joie elle éprouve en voyant que, tous les jours, ses conseils et ses leçons aux tout petits sont si bien écoutés. Elle-même s'instruit davantage et il lui semble qu'elle se perfectionne dans la voie du bien.

A votre tour, écrivez à une de vos parentes et dites-lui ce que vous pensez de la conduite de Marie.

Article 4.

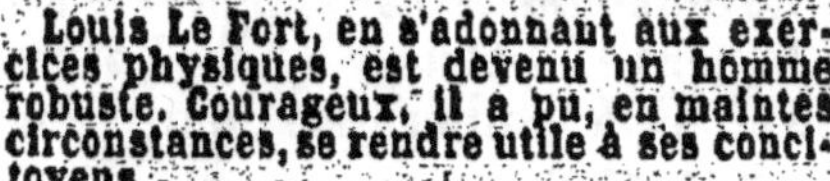

Louis Le Fort, en s'adonnant aux exercices physiques, est devenu un homme robuste. Courageux, il a pu, en maintes circonstances, se rendre utile à ses concitoyens.

Léon Boitrop, en s'adonnant à la boisson, est devenu un ivrogne dangereux; il a perdu toute dignité et il est tombé à la charge de ses concitoyens.

Art. 4. — Les citoyens valides doivent veiller à la conservation de leur santé, au développement harmonieux de leur corps, de leurs forces. Il faut être fort pour commander à ses passions et pour être en état de rendre à la patrie les services qu'elle attend de tous ses enfants.

« La tempérance et le travail sont les deux vrais médecins de l'homme : le travail aiguise son appétit et la tempérance l'empêche d'en abuser. »

J.-J. ROUSSEAU.

EXPLICATION. — **1.** Le respect de nous-mêmes, de notre individualité, nous impose le devoir de veiller sur notre *santé*, de soigner notre corps, de développer nos forces, notre adresse. C'est à ce prix seulement que nous serons en état de remplir tous nos devoirs et d'accomplir notre destinée.

2. Les anciens répétaient souvent cette maxime : « *Une âme saine dans un corps sain* ». Si le corps est faible, débile, tout lui est subordonné ; c'est lui qui commande à l'esprit. Au contraire, s'il est sain, vigoureux, résistant, il se plie à notre volonté, il obéit à nos exigences, il devient le serviteur de l'esprit. Un juste équilibre entre nos facultés physiques et intellectuelles peut seul nous permettre de remplir notre tâche sans défaillance.

3. La patrie a besoin du concours matériel et moral de tous. Nous ne pouvons la servir efficacement si notre corps se refuse à supporter les plus légères fatigues, les plus petites privations. Le courage s'allie presque toujours à la force.

4. On sait que le travail, qui demande un certain effort musculaire, excite l'appétit; mais il est contraire aux lois de l'hygiène de manger avec excès. Il faut se lever de table avec un estomac léger et dispos, sans avoir entièrement assouvi sa faim. C'est le seul moyen de conserver une bonne santé, d'être toujours alerte, de rester fort contre les mauvais penchants.

Questionnaire.

1. Pourquoi devons-nous veiller avec soin à la conservation de notre santé ? — 2. Qu'arrive-t-il lorsque le corps est trop faible, trop délicat ? — 3. Comment devons-nous être pour servir utilement la patrie ? — 4. Le travail et la tempérance ne peuvent-ils se concilier ?

DEVOIR DE RÉDACTION

C'est par notre dignité que nous nous assurerons la considération et le respect de nos semblables.

Plan.

Notre dignité demande que notre corps soit constamment tenu en état de propreté.

L'homme qui néglige de se donner les soins que l'hygiène nous impose, compromet sa santé et risque de se trouver à la charge de la société.

Pour nous rendre utile à nous-mêmes, à nos semblables, à la Patrie qui compte sur le courage, la force et le dévouement de tous ses enfants, notre devoir est de ne rien négliger.

En écrivant à votre frère, soldat à Nancy, vous lui dites comment vous entendez que l'on doit suivre les règles de l'hygiène. Vous lui expliquez que vous êtes beaucoup plus fort depuis que vous faites de la gymnastique à l'école.

Parlez aussi des promenades scolaires.

Article 5.

André Benoît a été admirablement élevé par ses grands parents. Il profite de toutes les circonstances pour leur montrer son bon cœur et leur témoigner sa reconnaissance.

Pierre Louvrier n'a d'autre joie que celle de la famille. Sa journée finie, il lui tarde de rentrer au logis et de rendre à ses chers petits caresses pour caresses.

Art. 5. — L'enfant doit aimer ses parents de tout son cœur ; les parents ont également le devoir d'aimer leurs enfants et leurs proches. Cet amour de la famille est le premier et le plus puissant des liens qui unissent les hommes d'une même patrie.

« Les bonnes familles sont celles où les enfants continuent d'obéir quand les parents cessent de commander. »

SAINT-MARC GIRARDIN.

EXPLICATION. — 1. S'il est pour les enfants un devoir bien doux à remplir, un devoir si naturel qu'il est banal de le citer, c'est bien d'*aimer leurs parents*. On ne peut être heureux si l'on n'aime pas les autres hommes ; à plus forte raison, un enfant ne saurait être heureux s'il n'aimait pas ses parents de tout son cœur. Il serait un monstre dans la société. Cet amour des parents s'étend, cela va sans dire, aux grands-parents, puis aux frères, aux sœurs, à toute la famille.

2. Les parents aiment tout naturellement leurs enfants ; ils pourvoient à tous leurs besoins, en même temps qu'ils s'efforcent de leur donner une bonne éducation. Mais il faut savoir aimer ses enfants pour eux-mêmes et non pour soi, en envisageant leur avenir, en cherchant à préparer des hommes et des femmes capables d'honorer le nom qu'on leur laisse.

3. L'amour des parents conduit à celui de la famille entière, des proches, des compagnons de jeux ou de travail, à celui de nos concitoyens et des habitants de notre patrie. L'amour de l'humanité n'est que l'extension de celui de la patrie.

4. Lorsque les enfants aiment leurs parents, lorsqu'ils sont bien élevés, ils conservent le souvenir de ce que ceux-ci ont fait pour eux ; ils les respectent toute leur vie et ils s'empressent de leur être agréables en leur obéissant, en allant même au-devant de leurs désirs. Rien n'est beau comme une famille bien unie. Rien n'est plus triste qu'une famille dans laquelle règne la discorde.

Questionnaire.

1. Le devoir d'aimer ses parents est-il difficile à remplir ? — 2. Comment les parents doivent-ils aimer leurs enfants ? — 3. Comment l'amour de la famille prépare-t-il à l'amour de la patrie ? — 4. L'obéissance ne doit-elle se manifester qu'en présence d'ordres formels de nos parents ?

DEVOIR DE RÉDACTION

Expliquez cette pensée de *Lamennais* : « Père, mère, enfants, frères, sœurs, quoi de plus saint, de plus doux que ces noms ? »

Plan.

Dites combien vous semblent doux les noms de père, mère, frère et sœur.

Parler des sentiments qui unissent la famille.

Votre devoir envers vos parents et vos grands-parents.

Comment nos parents nous aiment, nous soignent, se préoccupent de notre éducation, de notre avenir.

C'est dans la pratique des sentiments d'affection et de tendresse pour nos père et mère que nous trouvons le moyen de nous acquitter de nos devoirs envers eux.

Écrivez, à l'occasion du jour de l'an ou d'une fête, à votre grand'mère ou à votre mère, en lui exprimant votre reconnaissance et en l'assurant que, pensant toujours à elle, vous vous appliquez à lui procurer toutes les satisfactions.

Article 6.

En passant sans permission dans la propriété de Nicolas Faucheur, le père François ne pouvait ignorer que n'étant pas dans son droit, il était passible d'une contravention.

Pendant les vacances deux instituteurs, MM. Ardouin et Bellon, font un voyage; afin d'abréger le trajet qu'ils ont à parcourir, ils demandent l'autorisation de passer dans une propriété privée.

Art. 6. — La République nous a donné la liberté en nous élevant à la dignité de citoyens; aimons la liberté sincèrement, en vrais républicains; aimons-la pour les autres comme pour nous.

Pratiquons à l'égard d'autrui le respect et la tolérance que nous réclamons pour nous-mêmes.

« La loi de tous, c'est la liberté qui finit où commence la liberté d'autrui. »

VICTOR HUGO.

EXPLICATION. — **1.** La République a continué l'œuvre de la Révolution en garantissant les libertés inscrites dans la Déclaration des droits de l'homme. Nous devons apprécier cette *liberté* qui fait de nous des hommes et non des instruments de la volonté d'autrui, des *citoyens* et non de simples *sujets*.

2. Mais il faut savoir aimer la liberté; si nous sommes des êtres dignes et respectables, nous devons traiter les autres comme des êtres aussi dignes et aussi respectables. Tout homme, quel qu'il soit, a droit à nos égards. Nous n'aimons pas la liberté quand nous considérons comme des ennemis ceux qui ne partagent ni nos sentiments, ni nos convictions; quand nous nous réjouissons des injustices, des violences, dirigées contre ceux qui ne pensent pas comme nous, surtout si leur conduite, si leurs actes ne présentent rien de blâmable ou d'illégal.

3. Nous avons le devoir de respecter les *sentiments* et les *croyances* d'autrui, si nous voulons qu'on respecte les nôtres. Sans doute, nous avons le droit d'agir pour faire triompher nos opinions, pour éclairer les ignorants, pour convaincre les indifférents; mais efforçons-nous de présenter nos raisons avec bienveillance et d'écouter sans aigreur les idées, les objections de ceux qui n'ont ni nos croyances, ni nos opinions.

4. La liberté ne donne pas le droit de faire tout ce qui plaît. Nous devons penser que cette liberté ne nous appartient pas en propre. Si nous nuisons à quelqu'un, si nous gênons la liberté d'autrui, nous outrepassons nos droits, nous manquons à nos devoirs. Nous aimons faire ce qui nous plaît, tolérons que les autres en fassent autant. L'essentiel est de ne jamais empiéter sur les droits du voisin.

Questionnaire.

1. Montrez ce qu'a fait de nous la liberté proclamée en 1789. — **2.** Comment devons-nous aimer la liberté pour en être vraiment dignes? — **3.** Comment devons-nous pratiquer nos devoirs de tolérance? — **4.** Quelles sont les limites que l'on peut assigner à notre liberté?

DEVOIR DE RÉDACTION

Le respect de la liberté et du droit de nos concitoyens est le seul moyen de garantir notre droit et notre propre liberté.

Plan.

Tous les citoyens ont les mêmes droits à la liberté.

C'est à la Révolution de 1789 que nous en sommes redevables. Elle nous a donné la liberté morale, la liberté individuelle, la liberté du travail et la liberté de conscience.

Aujourd'hui, en respectant la liberté de nos semblables, en nous conformant à la loi, nous pouvons agir également en toute liberté.

Le père François, dans le but d'abréger le trajet qu'il a à parcourir, passe, sans autorisation, avec une voiture chargée de foin, dans la propriété de son voisin.

Était-il dans son droit?

N'est-il pas passible d'une amende puisqu'il a nui à autrui?

Article 7.

Malgré la fierté de M. du Château, malgré la façon hautaine dont il traite ses
domestiques, ceux-ci ne sont pas moins
ses égaux devant la Loi, et au moment
des élections leur bulletin de vote a la
même valeur que le sien.

Tous les citoyens, qu'ils s'appellent
M. du Painsec ou simplement Baptiste
Vigneron, sont traités de façon égale par
la justice; c'est ainsi que M. du Château
se voit dresser procès-verbal pour avoir
chassé sans permis.

Art. 7. — L'Assemblée nationale constituante a établi le principe de l'égalité politique et de l'égalité de tous les citoyens devant la loi.

Il ne suffit pas d'aimer l'égalité, il faut encore la pratiquer en s'estimant à sa juste valeur et en ne cherchant pas à être mieux traité que les autres hommes.

« Tous les citoyens français ont les mêmes droits et les mêmes devoirs : voilà la véritable égalité. »

PAUL BERT.

EXPLICATION. — **1.** La véritable *égalité*, la seule que la société puisse nous garantir c'est l'égalité des droits; c'est l'égalité devant la justice, devant l'impôt, devant les charges comme devant les avantages que la patrie assure à ses enfants.

2. Les citoyens ont le devoir, par l'établissement de sages institutions, par l'union de toutes les bonnes volontés de s'efforcer de diminuer les inégalités du sort. Ils décupleront aussi leurs forces par la puissance de l'association.

3. Nous pratiquons l'égalité en nous gardant de mépriser ceux que les hasards de la fortune ou de la naissance ont placés au-dessous de nous, en nous défendant d'envier jalousement ceux qui occupent une situation supérieure à la nôtre, en ne faisant aucune démarche pour être traités autrement que les autres. Si nous sollicitons une faveur au détriment d'un de nos semblables dont les titres sont supérieurs aux nôtres, nous ne pratiquons pas l'égalité.

4. Nos devoirs grandissent en même temps que nos droits. Puisque les droits sont proclamés égaux entre les hommes, il s'ensuit que tous ont des devoirs identiques à remplir. Nos droits et nos devoirs sont intimement liés : nul droit sans devoir et nul devoir sans droit.

Questionnaire.

1. En quoi consiste la véritable égalité ? — 2. Dans quelle mesure peut-on corriger les inégalités du sort ? — 3. Comment devons-nous pratiquer l'égalité ? — 4. Y a-t-il quelques rapports entre les droits et les devoirs de l'homme en société ?

DEVOIR DE RÉDACTION

La véritable égalité est celle que confère la loi à tous les citoyens sans distinction.

Plan.

Vous avez entendu dire que les personnes qui habitent le château ne se considéraient pas comme les égaux de leurs fermiers et de leurs domestiques.

Écrivez à un ami que votre maître, à l'école, vous a expliqué les inégalités qui peuvent exister entre les citoyens : intelligence, instruction, fortune.

Il vous a démontré qu'aujourd'hui, ouvriers ou patrons, maîtres, fermiers ou domestiques étaient égaux devant la loi.

Le fils du châtelain a été pris par le garde champêtre qui lui a dressé procès-verbal pour avoir chassé sans permis.

En écrivant à votre frère, montrez-lui, par cet exemple, que la justice est également appliquée à tous les citoyens.

Article 8.

Une des grandes satisfactions des élèves de M. Poirson était de reconnaître les mérites de leur camarade Louis Fauchon. Aussi, tous applaudirent quand ils le virent recevoir le prix d'excellence.

D'anciens élèves de M. Poirson organisaient des conférences. Ils allaient dans les campagnes où ils propageaient les bienfaits de l'instruction et les principes de la Solidarité.

Art. 8. — L'amour du prochain, c'est-à-dire la fraternité, est un de nos devoirs essentiels. Nous appartenons à une grande famille humaine dont tous les membres sont solidaires. Unissons-nous pour combattre l'ignorance, l'égoïsme et le vice.

L'esprit de solidarité doit être au fond du cœur de tous les bons citoyens.

« Travailler et souffrir pour la cause de l'humanité, propager l'intelligence, la liberté et la vertu, voilà notre œuvre commune. »

CHANNING, écrivain américain.

EXPLICATION. — 1. N'oublions pas que nous avons tout reçu de la société, que nous faisons partie d'un corps social organisé et que tout ce qui intéresse la collectivité ne saurait nous laisser indifférents. Lorsqu'un membre du corps est malade, tout l'organisme s'en ressent. Nous avons donc le devoir de nous intéresser à nos semblables, de leur venir en aide en cas de besoin, d'adoucir leurs souffrances, de contribuer à leur bonheur. C'est le devoir de *fraternité*.

2. Il importe que notre sollicitude pour nos concitoyens soit toujours agissante et efficace. Il ne suffit pas de soulager les misères matérielles et morales ; il faut encore nous efforcer d'*éclairer* nos semblables et de les rendre meilleurs.

3. L'esprit de *solidarité* découle de nos sentiments de fraternité. Nous devons, par l'union de nos efforts et de nos sacrifices personnels, contribuer à la prospérité des sociétés de secours mutuels, dont les bienfaits sont considérables et qui, en assurant le pain au travailleur malade ou infirme, présentent peut-être la meilleure solution du problème social.

4. Il ne faut pas nous laisser décourager dans l'accomplissement de nos devoirs de fraternité et de solidarité par les difficultés, par les insuccès. Ce qu'un seul parvient à faire difficilement est aisément obtenu par le concours de tous. Aucun effort vers le bien n'est stérile

Questionnaire.

1. Dites pourquoi nous devons nous intéresser à nos semblables. — **2.** Comment nos sentiments de fraternité doivent-ils se manifester ? — **3.** Quels bienfaits peut-on attendre des sociétés de secours mutuels ? — **4.** Devons-nous nous effrayer des insuccès que nous pouvons rencontrer dans notre croisade en faveur du bien ?

DEVOIR DE RÉDACTION

Éviter de faire le mal, rechercher, au contraire, le moyen de faire le bien aux autres, voilà le principe de la Fraternité.

Plan.

Louis Fauchon est resté orphelin dès l'âge de sept ans. La commune l'a adopté et s'est chargée de son instruction primaire.

À l'école, où il a su se faire aimer de ses maîtres, comme de ses camarades, il travaille si bien qu'à la fin des trois dernières années, il obtient le prix qui est accordé d'après les suffrages de tous les élèves.

À treize ans, il est admis, après examen, au lycée où il obtient une demi-bourse.

M. Poirson, l'instituteur, fait, au cours d'adultes, une conférence sur la Fraternité et la Solidarité.

Parlant des succès de Louis Fauchon, il fait comprendre discrètement à ses auditeurs quel honneur il y aurait pour eux de s'entendre afin que cet élève remarquable pût continuer ses études.

Aussitôt, chacun souscrit, s'engage selon ses moyens et il est convenu que Louis Fauchon ne connaîtra pas le nom de ses bienfaiteurs, mettant ainsi en pratique la maxime : « *La façon de donner vaut mieux que ce qu'on donne* ».

Dites ce que vous pensez de Louis Fauchon, de ce qu'a fait la commune, de la conférence, et étendez-vous davantage sur la conduite des auditeurs de M. Poirson.

Article 9.

En faisant effacer la devise républicaine inscrite sur tous les monuments nationaux, l'Empire montrait bien que sous un régime despotique, il ne pouvait être question de liberté, d'égalité et de fraternité.

Après le désastre de Sedan, la République, proclamée le 4 septembre 1870, s'est empressée de rétablir la devise républicaine. Elle montrait ainsi qu'elle seule était capable de réaliser l'union entre tous les citoyens.

Art. 9. — Aimer la liberté, pratiquer l'égalité et la fraternité, c'est être républicain, c'est aimer la République qui nous a rendus meilleurs et plus heureux que nos ancêtres.

Pour que la République ne soit pas seulement une étiquette, un vain mot, faisons en sorte qu'elle réalise tout le bien possible; donnons-lui des citoyens instruits, probes, désintéressés.

« La République est le gouvernement de la justice pour tous. Elle s'efforce d'améliorer le sort des travailleurs, de diminuer la misère, d'assurer au plus grand nombre le bien-être matériel et moral. »

ERNEST LAVISSE.

EXPLICATION. — 1. Il n'y a pas de république sans mœurs républicaines. Pour être vraiment républicains, nous avons le devoir de pratiquer les vertus républicaines que notre belle devise: « *Liberté, Égalité, Fraternité* » résume admirablement.

2. Nous témoignerons ainsi notre attachement à la Patrie et à la République; nous nous montrerons les dignes descendants de ceux qui ont lutté et souffert pour détruire les anciens abus et faire de nous des hommes libres, maîtres de leurs destinées.

3. La République sera prospère si ses enfants sont instruits et laborieux ; elle représentera la justice, l'équité, si ses enfants sont droits et honnêtes ; elle sera bonne et généreuse si l'égoïsme fait place aux sentiments de désintéressement, de dévouement à la chose commune.

4. La République manquerait à ses principes, si elle ne s'efforçait de mettre plus de justice partout, d'améliorer le sort des humbles, des travailleurs, si elle négligeait l'instruction et l'éducation des citoyens.

Questionnaire.

1. Comment nous montrerons-nous dignes du nom de républicains ? — **2.** Quels devoirs remplirons-nous encore en pratiquant les vertus républicaines ? — **3.** Que faut-il pour que la République soit prospère, juste et généreuse ? — **4.** Que doit s'efforcer de faire la République pour rester fidèle à son origine ?

DEVOIR DE RÉDACTION

La République est le gouvernement du peuple par le peuple. Elle est basée sur la liberté, l'égalité, la fraternité entre tous les citoyens.

Plan.

Cette belle devise : « *Liberté — Egalité — Fraternité* », qui résume parfaitement nos devoirs, est aujourd'hui inscrite sur tous les monuments de la Nation.

Après avoir accompli le Coup d'Etat du Deux-Décembre 1851, Napoléon III a fait effacer la devise républicaine qui, en 1870, après la chute de l'Empire, a été partout rétablie.

Expliquez que, sous un régime despotique, il ne peut être question de *Liberté* ; que l'*Egalité* ne peut exister entre les hommes sous une monarchie quelconque ; qu'enfin la *Fraternité* entre les citoyens ne peut réellement être pratiquée que par l'ensemble d'une collectivité animée de mêmes sentiments pour le bien de tous.

C'est là l'essence même de la République.

Article 10.

Henri Breton, pendant la période électorale, étudiait les professions de foi, et s'assurait de l'opinion et de la valeur des candidats.

Éclairé sur le choix qu'il devait faire, Henri Breton, le jour de l'élection, se rendit à la salle de vote et exerça son droit de citoyen.

Art. 10. — Puisque le peuple est souverain, les électeurs sont responsables des destinées de la République. Ils ont donc le devoir rigoureux de prendre part au vote qui délègue leurs pouvoirs à d'autres citoyens.

Leur choix doit porter sur les plus capables, les plus dignes et les plus désintéressés, en un mot sur les plus dévoués à la chose publique.

« Du choix des députés dépendent les lois ; il est donc de la plus haute importance de les bien choisir. »

A. BURDEAU.

EXPLICATION. — 1. Tous les citoyens sont appelés par leur *vote* à choisir leurs représentants, leurs mandataires. Ils sont donc directement *responsables* de la marche générale des affaires, de la confection des lois qui sont appliquées à tous.

2. Le droit de vote est le plus important des droits du citoyen français, puisque c'est par l'exercice de ce droit qu'il règle ses intérêts et les destinées du pays. Nous avons donc le devoir impérieux de prendre part au vote. L'abstention n'est jamais excusable. Celui qui, par négligence ou toute autre raison, ne prend pas part au scrutin n'est pas digne de porter le nom de citoyen, de jouir du droit de souveraineté que nos lois lui accordent. C'est l'abandon du drapeau. Son abstention peut avoir de funestes conséquences : elle fausse l'élection ; elle peut faire triompher le candidat d'une minorité.

3. Mais il ne suffit pas de voter; il faut savoir placer sa confiance. Nos suffrages ne doivent pas aller à ceux qui les sollicitent par les plus alléchantes promesses, mais à ceux qui, tout en partageant nos idées, ont donné des gages de leur honnêteté, de leur indépendance, de leur esprit de justice, de leur fidélité à remplir leurs engagements.

4. Puisque l'avenir du pays dépend de notre choix, il importe avant tout de s'éclairer sur le mérite et la valeur des candidats et de voter ensuite en toute conscience, sans nous laisser détourner de notre devoir par des motifs d'intérêt personnel, sans nous laisser influencer par les promesses des uns ou les menaces des autres.

5. Le vote est libre, nul n'a le droit de nous influencer, de nous menacer ni de nous inquiéter au sujet de notre choix fait en toute conscience.

Questionnaire.

1. Notre droit de vote ne nous impose-t-il pas une grande responsabilité? — **2.** Celui qui néglige de voter est-il excusable? — **3.** A qui doivent aller nos suffrages? — **4.** Quelles précautions devons-nous prendre avant de voter? — **5.** La liberté du vote est-elle entière?

DEVOIR DE RÉDACTION

Il ne suffit pas de prendre part au vote, il faut surtout bien voter et voter librement, selon sa conscience.

Plan.

Deux candidats sont en présence : un qui est du pays, qui par conséquent en connaît les besoins; c'est un républicain éprouvé. Au conseil général, dont il fait partie, il rend des services très appréciés.

L'autre, inconnu dans la région, essaie, par toutes sortes de promesses irréalisables, de capter les suffrages des électeurs.

Faites remarquer l'importance que le citoyen doit attacher à son devoir d'électeur; montrez combien il est nécessaire d'étudier les professions de foi et de s'enquérir du passé des candidats.

Terminez en disant que si, sur le choix du député, se règle la bonne marche des affaires de la Nation, les électeurs doivent avoir conscience de leur responsabilité.

Article 11.

Le père Bédot envoyait son fils aux champs, au lieu de lui faire suivre l'école. Il oubliait ainsi, que non seulement il nuisait à son enfant, mais encore qu'il faisait acte de mauvais citoyen.

Appelé devant la commission scolaire, le père Bédot apprend qu'il a violé la loi qui oblige les parents à donner l'instruction à leurs enfants. A partir de ce moment son fils a suivi régulièrement l'école.

Art. 11. — Le bon citoyen respecte les lois et la constitution de son pays. S'il estime que certaines lois sont défectueuses, injustes, il en poursuit l'amélioration par ses votes, par la parole, par ses écrits.

Celui qui viole la loi est un mauvais citoyen, il se déclare ainsi en guerre avec la société.

« Pour que la patrie soit heureuse, il faut que les magistrats obéissent aux lois, et les citoyens aux magistrats. »

MORALISTES ANCIENS.

EXPLICATION. — **1.** Les *lois*, ainsi que la *Constitution*, ne sont plus, comme autrefois, imposées par la force ; elles sont l'expression de la volonté nationale. Il s'ensuit que nous devons respecter ces lois et leur obéir fidèlement. Il est permis de dire que nul n'est homme de bien s'il n'est franchement et scrupuleusement observateur des lois.

2. Si nous pensons que certaines lois ne réalisent pas notre idéal de justice, de perfection, nous avons le devoir d'en demander l'amélioration. Le meilleur moyen est d'abord d'essayer de faire partager notre opinion par les autres électeurs, puis de voter pour le candidat disposé à faire triompher nos idées.

3. Celui qui viole les lois est un malfaiteur ou un inconscient ; celui qui, sans enfreindre ouvertement les lois, cherche à les éluder par ruse ou par adresse, viole les intérêts de tous ; il se rend indigne de l'estime des honnêtes gens. *La loi est notre sauvegarde à tous.*

4. Il ne suffit pas d'avoir des bonnes lois ; il est essentiel que les magistrats chargés de les appliquer soient consciencieux, intègres et animés d'un esprit de justice tel qu'ils ne puissent être soupçonnés. Le devoir de tous les bons citoyens est alors d'obéir respectueusement aux magistrats qui représentent en quelque sorte la loi vivante.

Questionnaire.

1. Pourquoi devons-nous obéir rigoureusement aux lois ? — **2.** Que devons-nous faire si certaines lois nous paraissent défectueuses ? — **3.** Que fait celui qui viole la loi ? — **4.** Quel est le rôle du magistrat vis-à-vis de la loi et celui du citoyen vis-à-vis du magistrat chargé de l'appliquer ?

DEVOIR DE RÉDACTION

Nous devons obéir aux lois, même si elles sont contraires à notre intérêt particulier.

Plan.

Un citoyen qui refuserait d'obéir à la loi serait en contradiction avec lui-même, puisque, par son bulletin de vote, il nomme les représentants de la Nation chargés de les discuter, de les voter et de les promulguer.

Le père Dupont refuse de se conformer à la loi sur les boissons, prétendant que cette loi, comme beaucoup d'autres, est mauvaise.

Expliquez-lui que si, à son avis, certaines lois doivent être réformées, il peut, au moment des élections, en manifester le désir au candidat de son choix, qui, s'il y a lieu, une fois élu, s'entendra avec les autres députés pour faire changer ces lois. Mais, en attendant, tous les citoyens sont tenus au respect des lois en vigueur. Ils doivent obéir aux magistrats qui ont pour mission de les faire exécuter.

Agir autrement serait s'exposer à des peines d'autant plus sévères qu'elles seraient plus méritées.

Article 12.

Le travail des bras et le travail de tête sont également honorables. Pasteur, par ses découvertes, a mérité le titre de Bienfaiteur de l'humanité.

L'homme paresseux perd sa dignité et tombe à la charge de la société. Son imprévoyance l'oblige à avoir recours à l'assistance publique.

Art. 12. — Le travail est pour tous un devoir. Celui qui ne travaille pas vit aux dépens de la société et du travail des autres hommes.

Le travail ennoblit l'homme et assure son indépendance. Toutes les professions, libérales ou manuelles, sont également utiles, également honorables. Elles ne créent entre les hommes d'autres distinctions que celles du mérite et du talent.

« Le travail, entre autres avantages, a celui de raccourcir la journée et d'étendre la vie. »

DIDEROT.

EXPLICATION. — 1. Le *travail* est pour tous un devoir : il fait de chacun de nous un être utile ; il est l'ennemi de l'ennui, de la mollesse, de l'inconduite ; il est aussi la source de la richesse particulière et de la richesse nationale. Celui qui ne travaille pas n'est pas digne de vivre ; il ne mérite pas de partager le produit du travail des autres hommes ; il est un parasite dans notre société.

2. Le travail est le plus puissant agent de notre dignité ; il assigne à chacun de nous le rôle que nous avons à remplir. Celui qui aime le *travail* n'est jamais malheureux ; il pourvoit aisément à ses besoins et à ceux de sa famille ; il est libre ; il ne dépend de personne ; il n'a rien à demander aux autres. Celui qui vit aux dépens du travail d'autrui n'est ni un homme libre, ni un homme indépendant. Il ne peut agir que suivant les ordres qu'on lui donne.

3. Il n'est pas nécessaire, pour travailler, d'exercer une profession manuelle : l'administrateur travaille pour tous ; il remplit des fonctions nécessaires et parfois difficiles ; le savant, le professeur, le médecin, contribuent par leurs études et leurs soins aux progrès de la société, à l'éducation, à la santé de ses membres. Tous les métiers sont honorables et se complètent l'un l'autre.

4. Celui qui sait s'occuper, qui travaille avec goût, avec ardeur, trouve le bonheur et la tranquillité ; le temps lui paraît toujours trop court. Sa vie est bien remplie ; elle peut n'avoir pas été longue, elle n'aura pas été inutile. Il aura apporté sa pierre à l'édifice social.

Questionnaire.

1. Celui qui ne travaille pas est-il digne de vivre ? — **2.** Quels avantages le travail procure-t-il ? — **3.** Quelles sont les différentes manières de travailler ? — **4.** Pourquoi peut-on dire que le travail raccourcit les jours et prolonge la vie ?

DEVOIR DE RÉDACTION

Si le travail est un droit pour tous, il est aussi une obligation

Plan.

Le laboureur cultive le blé et le boulanger fait le pain ;

Le tisserand fabrique la toile, la couturière et le tailleur confectionnent les vêtements ;

Le maçon, le charpentier, le serrurier et le menuisier construisent les maisons ;

L'architecte et l'ingénieur dressent les plans et dirigent les travaux ;

Le peintre et le sculpteur ornent nos musées de tableaux et de statues ;

Les médecins nous donnent leurs soins et font des découvertes utiles à l'humanité ;

Les professeurs et instituteurs se dévouent à notre éducation.

Nicolas Humblot, parce qu'il est un excellent ouvrier maçon, prétend que, seul, le travail manuel est utile ;

Faites-lui comprendre que tous les métiers étant également honorables, tous les travailleurs sont égaux : qu'ils soient maçons ou architectes, laboureurs ou professeurs, ils rendent les mêmes services à la collectivité.

Article 13.

Cette vignette est composée d'après le magnifique diplôme que M. le ministre de l'Intérieur accorde aux citoyens qui ont rendu service aux Sociétés de Secours mutuels. — Elle symbolise la prévoyance et la mutualité.

Art. 13. — Il ne suffit pas de travailler : l'homme prévoyant songe à l'avenir. Il épargne sur son salaire, sur son gain de chaque jour pour s'assurer une vieillesse heureuse et tranquille.

Il pratique la solidarité et la prévoyance en s'inscrivant à une Société de secours mutuels et de retraites et en versant régulièrement sa cotisation, afin de conserver tous ses droits.

« Celui qui achète du superflu est bientôt obligé de vendre son nécessaire. »

FRANKLIN.

EXPLICATION. — 1. Si le travail nous permet de satisfaire honnêtement à nos besoins présents, il ne faut pas oublier que les chômages, les infirmités, la vieillesse peuvent nous priver de ses ressources. Notre intérêt, le souci de notre dignité nous imposent le devoir de songer à l'avenir, de nous ménager des moyens d'existence pour les temps difficiles.

2. L'homme sage ne peut manquer d'être *prévoyant*. Il met chaque jour de côté une petite partie de son salaire, de son gain. Ses petites économies accumulées lui procurent une réserve momentanée et, plus tard, un modeste revenu qui sera la sécurité de ses vieux jours.

3. Les œuvres de *mutualité* et de *prévoyance* bien comprises offrent de sérieux avantages. Pour une cotisation mensuelle ou an-

nuelle relativement minime, elles nous assurent une indemnité raisonnable en cas de maladie et une modeste retraite lorsque nos forces ne nous permettront plus de travailler. C'est être bien imprévoyant que de ne pas s'assurer ainsi contre la mauvaise fortune.

4. On peut certainement, sans nuire à sa santé, se passer de bien des choses dans la vie : on peut économiser sur sa toilette, sur ses plaisirs. C'est à ce prix seulement qu'on sera certain de ne pas manquer plus tard de ce qui est nécessaire, indispensable à l'existence.

Questionnaire.

1. Quelles sont les raisons qui doivent nous rendre prévoyants ? — 2. Comment peut-on mettre la prévoyance en pratique ? — 3. Quels avantages retirons-nous des sociétés de secours mutuels et de prévoyance ? — 4. Pourquoi devons-nous nous priver du superflu ?

DEVOIR DE RÉDACTION

Qu'y a-t-il de plus beau que l'homme prévoyant qui, tout en pensant à lui, songe surtout aux autres ?

Plan.

Nous devons vivre les uns pour les autres, être tous pour chacun et chacun pour tous; c'est le véritable principe de la mutualité.

Vous avez entendu dire à Louis Voisin, un bon employé de commerce, que n'étant jamais malade, il ne jugeait pas utile, pour lui, de faire partie d'une société de secours mutuels.

Démontrez-lui qu'au contraire, c'est son devoir, non seulement vis-à-vis de ses concitoyens, mais vis-à-vis de lui-même et des siens.

Parlez-lui de la prévoyance, des retraites qu'assurent les sociétés de secours mutuels.

Enfin, réussissez à le convaincre en lui citant un exemple :

Un ouvrier, malade depuis des mois, est soigné aux frais d'une société de secours mutuels. En plus du médecin et des médicaments, il reçoit encore une indemnité de 2 fr. par journée de maladie, assurant ainsi le pain de ses enfants.

Expliquez ce qui serait arrivé si cet homme n'avait pas été prévoyant.

Article 14.

Pour avoir voulu contrevenir à la loi, en passant un tonneau d'eau-de-vie sans payer les droits, le père Michot se voit dresser procès-verbal.

La voisine du père Michot agit tout autrement : pénétrée de son devoir, elle déclare au bureau de l'octroi le beurre et les poulets qu'elle porte au marché.

Art. 14. — Tous les citoyens profitent de l'organisation sociale. C'est l'Etat qui garantit nos droits, qui protège notre liberté et nos intérêts.

Nous avons donc le devoir de payer l'impôt, de participer aux charges publiques dans les limites de nos moyens. Chercher à éluder ces charges, c'est frauder, c'est voler l'Etat et, par conséquent, la collectivité.

« Tout ce qui se fait de bien dans un pays profite à tout le monde. »

PAUL BERT.

EXPLICATION. — 1. L'impôt était autrefois écrasant pour le pauvre et léger pour le riche. Le produit en était employé plutôt au profit des privilégiés et d'une dynastie qu'en vue de l'intérêt général du pays. Aujourd'hui, nous profitons de toutes les dépenses qui incombent à l'Etat. C'est l'Etat, représenté par nos mandataires, qui veille à la sécurité de la nation, au développement de son outillage commercial et industriel, à la conservation de notre liberté et de nos droits, à la diffusion de l'instruction et au bon fonctionnement des œuvres d'assistance. L'Etat ne peut remplir cette mission qu'en disposant de ressources assez considérables.

2. L'obligation de participer aux charges publiques ne peut être discutable. Il est naturel que celui qui possède beaucoup contribue à ces charges pour une large part. Mais tous les citoyens valides,

quelle que soit leur situation, ont le devoir d'apporter leur modeste tribut à l'œuvre commune, en échange des nombreux avantages que la société leur procure.

3. Il n'est pas plus permis de frauder l'État que de faire du tort à un particulier. Celui qui, par ruse ou par mensonge, fraude l'État commet un vol manifeste. En évitant de verser sa part de contribution, il oblige d'autres citoyens à payer sa propre part, à débourser plus qu'ils ne doivent.

4. C'est en réunissant nos efforts et nos ressources que nous permettons à l'État de remplir sa mission de défense et de protection. L'État, c'est la collectivité, la réunion de tous les citoyens associés en vue de leur intérêt commun. Nous pourrions dire aujourd'hui : « *L'État, c'est nous* ».

Questionnaire.

1. Quelles sont les principales raisons qui nous obligent à supporter notre part d'impôts ? — 2. Les moins riches ont-ils le devoir de participer aux charges communes ? — 3. Montrer pourquoi celui qui fraude l'État commet un vol. — 4. Que devons-nous faire pour permettre à l'État d'accomplir tout le bien possible ?

DEVOIR DE RÉDACTION

Fraudeurs et contrebandiers ne volent pas seulement l'État, ils volent encore leurs concitoyens.

Plan.

Le père Michot, qui dit constamment que frauder l'État n'est pas voler, vient d'être pris en flagrant délit au moment où il conduisait une voiture chargée d'un tonneau d'eau-de-vie.

Les employés de la régie, qui lui dressent procès-verbal, ont beaucoup de peine à lui faire comprendre qu'en essayant ainsi de se soustraire au paiement de l'impôt il se mettait en contravention.

Expliquez quelles sont les ressources de l'État. Démontrez que les fraudeurs sont, à l'égal des voleurs, passibles des tribunaux qui les condamnent justement en vertu de la loi.

Ajoutez que, lors même que nous serions assurés de l'impunité, notre devoir, notre conscience nous obligent à acquitter notre dette envers l'État.

La guerre de 1870 abonde en actes de courage héroïque. A l'appel de Gambetta, on a vu des vieillards demander à prendre part à la défense nationale. Un juge d'instruction, âgé de 71 ans, M. Desmortiers, engagé dans les francs-tireurs, est fusillé en disant aux Prussiens : « Je meurs pour la Patrie, je meurs content ».

Pendant la guerre de Crimée, deux blessés, un Russe et un Français, se trouvèrent étendus côte à côte. La nuit venue le soldat russe s'endormit et, quand le matin il s'éveilla, il vit sur lui un vêtement ne lui appartenant pas ; il s'aperçut alors que son camarade était mort et qu'au moment de mourir, il l'avait couvert de son manteau.

Art. 15. — **Tout citoyen doit servir la patrie avec le plus grand désintéressement et la défendre jusqu'à la mort contre une agression extérieure.**

Il doit également ses services pour la défense de la loi et de la Constitution.

« S'il est doux de mourir pour la patrie, il ne l'est pas moins de vivre pour elle, de lui consacrer son temps, ses forces et le meilleur de son cœur. »

J. MICHELET.

EXPLICATION. — 1. Nous devons beaucoup à la société, à la *Patrie*. C'est la Patrie qui nous assure les bienfaits matériels et moraux dont nous jouissons presque dès notre naissance. Notre devoir le plus élémentaire est de lui témoigner notre reconnaissance en la servant toujours fidèlement, en travaillant à sa prospérité et à sa grandeur.

2. *L'amour de la Patrie* est dans le cœur de tous les Français. Nous voulons tous que la France tienne une place honorable dans le monde, qu'elle soit respectée. Nous ne provoquons personne ; nous sommes hostiles à toute agression violente ou injuste contre un autre peuple ; mais si la Patrie était attaquée, si ses frontières et son indépendance étaient menacées, nous aurions le devoir de

nous lever tous à son appel et de la défendre jusqu'à la dernière goutte de notre sang.

3. Si le bon citoyen respecte les lois et la Constitution de son pays, il a aussi le devoir de les faire respecter et de les défendre en présence d'un coup d'État ou d'un coup de force qui tendrait à les violer au mépris de la légalité.

4. Il n'est pas toujours nécessaire d'exposer sa vie pour servir la Patrie. Tous, hommes, femmes, enfants, nous pouvons contribuer à sa grandeur par notre bonne conduite, notre désintéressement, notre travail, notre dévouement à la République.

Questionnaire.

1. Comment témoignerons-nous notre reconnaissance envers la Patrie? — Quel serait notre devoir si la France était attaquée? — 3. Le bon citoyen ne doit-il pas être prêt à défendre les lois et la Constitution? — 4. Ne peut-on servir son pays autrement que par les armes?

DEVOIR DE RÉDACTION

Expliquez cette pensée de *Lakanal* : «Servir sa patrie par amour pour elle, et se trouver suffisamment récompensé lorsqu'on l'a servie».

Plan.

Au moment de la terrible guerre de 1870, quand l'ennemi foulait le sol de la France, quand Gambetta faisait appel à tous les hommes valides, on a vu de braves citoyens ayant dépassé l'âge, venir demander à se battre pour la défense de la Patrie.

Assurément, nous devons aimer notre Patrie et la défendre de toutes nos forces si elle est attaquée, mais nous avons le devoir de ne pas être injustes envers les autres nations.

N'oublions jamais que si « les citoyens sont membres de la Nation, les nations sont membres de l'humanité » et que, pour un Français, la France et l'Humanité sont inséparables.

Montrez dans quel cas nous devons prendre les armes.

Faites voir comment les guerres, si funestes au genre humain, pourraient être évitées.

Article 16.

Jean Pierre, par son travail et une sage économie, est devenu propriétaire. Très considéré dans le village, il est nommé conseiller municipal.

Léon Richard, qui a hérité d'une grande fortune, n'a jamais songé à travailler ; adonné au jeu, il dissipe son bien et tombe à la charge de ses concitoyens.

Art. 16. — La propriété est inviolable, comme la liberté. Toute atteinte contre la propriété est un crime.

C'est un devoir pour tous les citoyens de respecter les biens et la propriété d'autrui, de les défendre contre une spoliation injuste ou illégale.

« La sûreté de la propriété est le fondement essentiel de l'ordre économique d'une société bien organisée. Sans la certitude de la propriété, le territoire resterait inculte. »

QUESNAY.

EXPLICATION. — 1. La propriété est le fruit de nos efforts, de notre travail ; c'est l'œuvre de nos facultés et de notre liberté ; c'est une partie de nous-mêmes. Y toucher, c'est porter atteinte à un droit imprescriptible, à notre personnalité. Nous avons le devoir de respecter le bien d'autrui au même titre que nous respectons son honneur et sa vie.

2. Si la propriété n'était pas garantie à son possesseur légal, il n'y aurait plus de société organisée. C'est sur cette garantie que reposent la culture de la terre, toutes les productions, tous les moyens de travail, tout l'ordre légal. Nous avons donc le devoir de soutenir et de défendre celui qui viendrait à être dépouillé de ses biens sans les garanties que la loi a fixées.

3. L'incertitude de la possession de ce que nous pouvons légitimement acquérir par le travail serait funeste à la production, à la

prospérité générales. Elle supprimerait un des stimulants les plus efficaces de l'effort, de l'application, de la persévérance.

4. Mais ce n'est point porter atteinte à la propriété que d'imposer des charges plus lourdes à ceux qui jouissent d'une grosse fortune ou qui possèdent le plus de biens.

5. La société, en garantissant à chacun la possession de ce qu'il a légitimement acquis, assure le bon ordre et le progrès. Elle ne garantit pas seulement cette possession, elle assure encore l'*inviolabilité* de notre domicile. Nul ne peut pénétrer chez nous contre notre volonté, si ce n'est en vertu de la loi, un mandat régulier à la main.

Questionnaire.

1. Est-il permis de porter atteinte à la propriété ? — 2. Quelle importance a pour chacun de nous la garantie de la propriété ? — 3. Qu'arriverait-il si la possession de nos biens ne nous était pas garantie ? — 4. Imposer plus fortement celui qui possède davantage, est-ce porter atteinte à la propriété ? — 5. Notre domicile est-il inviolable ?

DEVOIR DE RÉDACTION

Le père de Jean était ouvrier vigneron, à force de travail et d'économie, il a pu acheter deux vignes : le voilà devenu propriétaire.

Plan.

Cet honnête travailleur explique à un camarade comment il s'y est pris, comment il a pu économiser, tout en donnant le nécessaire à tous les siens.

Il engage ce camarade à faire comme lui. Il lui montre comment il espère encore augmenter son lopin de terre ; puis il lui dit qu'aujourd'hui la propriété étant garantie par la loi, il peut, tout en travaillant pour lui, être tranquille pour l'avenir de sa famille.

Citez, par des exemples, dans quelles conditions un ouvrier, par son travail et son intelligence pratique, peut devenir propriétaire.

Faites la comparaison entre cet ouvrier rangé et un prodigue qui, au lieu de travailler, dissipe sa fortune et tombe à la charge de ses concitoyens.

Article 17.

Avant la Révolution, les paysans, soumis aux seigneurs, étaient écrasés par des redevances de toutes sortes. Tout le poids des impôts retombait sur eux.

Aujourd'hui, grâce à la Révolution, la plupart des paysans sont propriétaires. Ils paient des impôts réguliers en proportion de leurs ressources.

Art. 17. — Le bon citoyen a le devoir de contribuer, dans la mesure de ses forces, à rendre la société meilleure, les lois plus justes, la République plus grande et la Patrie plus puissante.

C'est par l'observation des lois morales et écrites, par son travail, par ses vertus, ses actes, ses paroles, ses écrits, par le choix de bons représentants que le bon citoyen s'efforcera d'atteindre ce but.

« Les Républiques reposent sur les vertus des citoyens et meurent de leurs vices. »

MONTESQUIEU.

EXPLICATION. — 1. Pour que la République ne soit pas une simple forme de gouvernement, pour qu'elle devienne une réalité bienfaisante, il est nécessaire que tous les citoyens connaissent leurs devoirs et les pratiquent avec toute la conscience dont ils sont capables. Efforçons-nous de réaliser, chacun en ce qui nous concerne, l'idéal moral que nous avons conçu et que nous désirons voir pénétrer dans notre organisme social. Nous n'atteindrons sans doute pas la perfection absolue, mais nous nous en approcherons de plus en plus par des améliorations progressives.

2. C'est en accomplissant scrupuleusement nos devoirs d'honnêtes gens et de bons citoyens que nous contribuerons à l'union de tous les Français, que nous travaillerons à notre propre bonheur et à celui

de nos semblables, que nous contribuerons à maintenir notre belle patrie au rang qu'elle occupe dans le monde civilisé.

3. Avec un régime autoritaire, reposant uniquement sur la crainte et l'obéissance, les vertus et les vices de chacun peuvent n'avoir qu'une influence secondaire dans la conduite générale des affaires. Mais, il n'en est pas de même sous la République : chacun de nous représente une partie du corps souverain. La *République est faite à notre image*, puisqu'elle est notre œuvre propre, l'émanation de nos volontés conscientes. Il dépend de nous qu'elle soit le plus sage, le meilleur, le plus parfait des gouvernements.

Questionnaire.

1. Que faut-il pour que la République réalise notre idéal de perfection ? — 2. Comment pouvons-nous, chacun dans notre sphère, contribuer à la grandeur de la Patrie et de la République ? — 3. Pourquoi les vertus sont-elles plus indispensables sous la République que sous un gouvernement autoritaire ?

DEVOIR DE RÉDACTION

Ce n'est que par la volonté de tous les bons citoyens que la Patrie et la République peuvent prospérer.

Plan.

La Monarchie est le gouvernement d'un maître qui s'impose par la force ou par un privilège de famille. Le monarque hérite d'un peuple comme s'il héritait d'une maison ou d'une terre.

La République émane, au contraire, de la volonté de la Nation. Le président est un simple citoyen élu par les sénateurs et les députés. Chaque électeur, représentant une partie du corps souverain, contribue au Gouvernement du pays.

Le domestique du château vient de dire que son maître a répété souvent devant lui que dans l'ancien temps on était bien plus heureux qu'aujourd'hui.

Expliquez-lui la différence qu'il y a entre la monarchie et la république.

Établissez la comparaison entre la façon dont vivaient les paysans et les ouvriers avant la Révolution, et la façon dont ils vivent et travaillent maintenant. Inégalité de l'impôt autrefois ; contributions régulières et proportionnelles aujourd'hui.

Comme vous réussissez à le convaincre, montrez-lui que c'est par les efforts combinés de tous les bons citoyens, par l'accomplissement des devoirs civiques de tous que la Patrie et la République ont pu prospérer.

GOUVERNEMENT DE LA RÉPUBLIQUE

1° LE CHEF DE L'ÉTAT. — LES MINISTÈRES

Le gouvernement de la France est la **République**, qui a été proclamée le 4 septembre 1870.

La *Constitution du 25 février 1875* a confié le **pouvoir législatif** à deux Assemblées, la *Chambre des députés* et le *Sénat*.

Le **pouvoir exécutif** appartient au président de la République, assisté des ministres.

La *Chambre des députés* est élue par le suffrage universel direct et pour quatre ans. Le *Sénat* est élu pour neuf ans, renouvelable par tiers tous les trois ans. Il est nommé par les délégués des Conseils municipaux et par des électeurs de droit : députés, conseillers généraux et conseillers d'arrondissement.

Le *président de la République* est élu pour sept ans par le Sénat et la Chambre des députés, réunis en *Congrès* ou Assemblée nationale. Il est le chef de l'État ; il représente la France, choisit les ministres qui sont responsables devant le Parlement ; il promulgue [1] les lois qui viennent d'être votées et rend les décrets nécessaires pour en assurer l'exécution. Il est le chef suprême des armées de terre et de mer ; il nomme aux hauts emplois civils et militaires ; il exerce ces pouvoirs avec l'assistance des ministres.

Les ministres sont au nombre de *onze* : les ministres de l'*Intérieur et des Cultes*, des *Affaires étrangères*, de la *Justice*, de la *Guerre*, de la *Marine*, des *Colonies*, de l'*Instruction publique et des Beaux-Arts*, des *Finances*, des *Travaux publics*, du *Commerce, de l'Industrie et des Postes et Télégraphes*, de l'*Agriculture*.

2° L'ADMINISTRATION

La France, au point de vue administratif, est divisée en 86 *départements* et un territoire, celui de Belfort.

Le *département* est administré par un *préfet* qui est l'agent direct du gouvernement. Le préfet est chargé de l'exécution des lois et de la police générale dans le département. Il est assisté d'une assemblée délibérative élue, le *Conseil général*, qui vote les dépenses départementales, et d'une assemblée judiciaire et consultative, le *Conseil de préfecture*.

Le département comprend plusieurs *arrondissements*, dont chacun est administré par un *sous-préfet*, assisté d'un *Conseil d'arrondissement*, élu à raison d'un ou de plusieurs membres par canton.

Le *canton* est généralement formé de plusieurs communes. Ce n'est pas une division administrative ; c'est plutôt une division judiciaire au centre de laquelle est placé un juge de paix.

La *commune* est la plus petite unité administrative. Elle est administrée par un *maire*, assisté d'un *Conseil municipal* qui a dans ses attributions le vote du budget communal. Les électeurs nomment le Conseil municipal ; celui-ci choisit le maire au sein du conseil [2].

---

1. *Promulguer* signifie publier une nouvelle loi au *Journal officiel*.

2. Les villes de Paris et Lyon sont régies par une loi spéciale. Les maires et adjoints des arrondissements sont nommés par le Gouvernement.

3° **LA JUSTICE**

Le **pouvoir judiciaire** est le troisième pouvoir de l'État. Il est chargé de punir ceux qui violent les lois, de sauvegarder la liberté des citoyens et leur propriété.

La justice est rendue par les tribunaux; elle forme deux juridictions principales, la *justice civile* et la *justice criminelle*.

La *justice civile* comprend : 1° une *justice de paix*, au chef-lieu de chaque canton ; 2° un *tribunal de première instance* par arrondissement ; 3° des *Cours d'appel*, au nombre de vingt-six, devant lesquelles les justiciables peuvent en appeler, s'ils n'acceptent pas les jugements rendus par les tribunaux ordinaires.

La *juridiction criminelle* comprend : 1° le *tribunal de simple police*, à la justice de paix pour les simples délits ; 2° le *tribunal de police correctionnelle*, qui n'est autre que le tribunal de première instance jugeant correctionnellement ; 3° une *Cour d'assises* dans chaque département pour les crimes qualifiés. Dans les Cours d'assises, les juges sont remplacés par douze jurés, pris parmi les citoyens notables.

Les juges des Cours d'appel et des tribunaux de première instance forment la magistrature *assise*; ils sont inamovibles. Les magistrats chargés de requérir,[1] procureurs, substituts, forment la magistrature *debout*; ils peuvent être déplacés et révoqués par le *garde des sceaux*, ministre de la Justice.

La *Cour de cassation* juge en dernier ressort les arrêts des Cours d'appel ou des Cours d'assises qui ont donné lieu à un pourvoi devant elle ; elle les approuve ou les *casse*; dans ce dernier cas, elle renvoie l'affaire devant une autre Cour d'appel ou d'assises.

Le *Conseil d'État* est à la fois un conseil du gouvernement et un tribunal administratif ; il prépare les lois et règlements d'administration publique, et statue sur les recours qui pourraient être formés contre certains actes administratifs.

Parmi les juridictions exceptionnelles, il faut citer les *tribunaux de commerce* chargés de juger les différends en matière commerciale ; les *Conseils de prud'hommes* pour les contestations entre patrons et ouvriers, les *Conseils de guerre* qui jugent les crimes et délits commis par les militaires.

4° **L'ARMÉE**

Le pouvoir judiciaire est secondé par la force publique qui comprend la *police*, la *gendarmerie* et l'*armée*.

On distingue l'*armée de terre* et l'*armée de mer* ou marine militaire.

Tout Français, reconnu propre au service, fait partie de l'armée de 20 à 45 ans : il passe 3 ans dans l'armée active, 10 ans dans la réserve de l'armée active, 6 ans dans l'armée territoriale et 6 ans dans la réserve de l'armée territoriale.

---

1 *Requérir*, c'est demander l'application d'une peine prévue par la loi.

La principale unité dans l'armée est le *régiment*, à la tête duquel est placé un colonel. Le régiment se subdivise en bataillons et en compagnies. Plusieurs régiments forment une *division*.

Le *corps d'armée* comprend deux divisions, composées de deux régiments d'infanterie, de cavalerie et d'artillerie, avec une section du génie. On compte en France 20 corps d'armée commandés chacun par un général de division.

L'*armée de mer* est chargée de défendre nos côtes et nos colonies. Les marins sont principalement recrutés parmi les *inscrits maritimes* des départements côtiers. Ceux-ci doivent 3 années de service actif et restent à la disposition de l'Etat de 18 à 50 ans.

Le littoral est divisé en *cinq arrondissements maritimes*, ayant pour chefs-lieux les cinq ports militaires de Cherbourg, Brest, Lorient, Rochefort et Toulon.

Les principales *écoles militaires* préparatoires sont : l'école Polytechnique, l'école de Saint-Cyr, l'école de cavalerie de Saumur, les écoles de sous-officiers (élèves officiers) de Saint-Maixent, de Versailles ; l'école d'application de Fontainebleau pour le génie et l'artillerie, l'école supérieure de guerre, à Paris.

Pour la marine, nous possédons l'école des mousses et l'école navale, à Brest ; l'école d'application du génie maritime, à Cherbourg.

5° L'ENSEIGNEMENT

L'enseignement, en France, comprend trois degrés : l'*enseignement primaire*, l'*enseignement secondaire* et l'*enseignement supérieur*.

L'*enseignement primaire* est donné par les instituteurs et les institutrices dans les écoles publiques ou privées, et dans les écoles primaires supérieures ; l'*enseignement secondaire* est celui que l'on reçoit dans les lycées et les collèges ; l'*enseignement supérieur* est donné dans les Universités, au nombre de seize et dans quelques grandes écoles spéciales.

Il y a dix-sept Académies et un *recteur* par Académie. A la tête de chaque département se trouve un *inspecteur d'académie* assisté de plusieurs *inspecteurs primaires*.

L'enseignement primaire a été rendu obligatoire, pour les enfants de 6 à 13 ans, par la loi du 28 mars 1882.

Parmi les grandes écoles de l'Etat, on peut citer (en dehors des écoles spéciales militaires) : les écoles normales supérieures de Paris et de Sèvres, destinées à former des professeurs pour les lycées de garçons et de filles ; les écoles normales primaires supérieures de Saint-Cloud et de Fontenay, qui préparent des professeurs pour les écoles normales départementales d'instituteurs et d'institutrices, et pour les écoles primaires supérieures ; l'école centrale, l'école des chartes, à Paris ; l'école des mines de Saint-Etienne, l'école forestière de Nancy, les écoles d'agriculture de Grignon (Seine-et-Oise), de Grand-Jouan (Loire-Inférieure), de Montpellier ; les écoles d'arts et métiers de Châlons-sur-Marne, de Lille, d'Angers, d'Aix, de Cluny ; les écoles vétérinaires d'Alfort, de Lyon, de Toulouse, etc.

6° LES CULTES

L'État, en France, reconnaît trois *cultes*, dont il salarie les ministres : le culte *catholique*, le culte *protestant* et le culte *israélite*. Le culte *musulman* est aussi salarié en Algérie et au Sénégal.

7° LES FINANCES

Le *ministre des Finances* a dans ses attributions tout ce qui concerne l'impôt, ainsi que les dépenses à la charge de l'État.

Le *budget* voté par la Chambre des députés et le Sénat, dépasse trois milliards et demi.

Les impôts comprennent les *contributions directes* et les *contributions indirectes*.

Les *contributions directes* sont au nombre de quatre principales : la *contribution personnelle et mobilière*, cette dernière évaluée d'après la valeur du loyer ; la contribution des *portes et fenêtres* ; la *contribution foncière* pour les propriétés bâties et les terres ; les *patentes* payées par les commerçants et les industriels. Il existe en outre des taxes spéciales sur les chiens, les chevaux, les voitures, etc.

Les *contributions indirectes* se divisent en impôts de consommation (sur les boissons, le sucre, le sel, le tabac, les allumettes, etc.), et en droits de douane, de timbre, d'enregistrement.

Les impôts directs sont payés au percepteur. Il y a, en général, une recette particulière par arrondissement. Au chef-lieu de chaque département se trouve une recette ou trésorerie générale, un directeur des contributions directes, un directeur des contributions indirectes, un directeur de l'enregistrement, etc.

La *Cour des comptes*, à Paris, est chargée de vérifier les comptes de tous les ministres, ainsi que des fonctionnaires qui ont qualité pour effectuer des recettes et des dépenses.

8° ADMINISTRATIONS DIVERSES

Le ministre des *Affaires étrangères* est chargé des relations politiques et commerciales avec les autres puissances. Il a sous ses ordres les ambassadeurs résidant dans les capitales des principaux États et des consuls dans les grandes villes.

Le ministre des *Colonies* dirige l'administration des résidents et gouverneurs de nos nombreuses colonies.

Le ministre des *Travaux publics* prépare et surveille l'exécution des grands travaux entrepris dans l'intérêt public, tels que routes, canaux, chemins de fer.

Le ministre du *Commerce et de l'Industrie* s'occupe de toutes les questions qui concernent les intérêts du commerce et de l'industrie en France et à l'étranger, des échanges avec les autres peuples, des ports et des grandes lignes de navigation.

Il a dans ses attributions l'administration des postes, des télégraphes et des téléphones.

Enfin, le ministre de l'*Agriculture* est chargé de la protection des agriculteurs qui forment en France la majorité de la nation.

Paris. — Imp. A. Picard et Kaan, 192, rue de Tolbiac. — 11002. — K. P.